堀江敏幸

私的読食録《してきどくしょくろく》

角田光代

プレジデント社

私的読食録——目次

私的読食録

『父の詫び状』

向田邦子の、ふつうのごはん革命

家庭の味は、小説やエッセイのなかで、かつてまったく注目を浴びない、浴びるにあたいしない、地味な存在だった。言葉を尽くして描かれるのは、レストランの逸品だったり、遠い外国の風変わりな料理だったりした。といっても、私もすべての書物に精通しているわけではないから、ひょっとしたら、家庭で出されるごくふつうの食事について、微細に書かれた小説や随筆もあったのかもしれないが、でも、ごく少数だったと思う。

家庭の食事、ふつうに食べるごはんに、言葉という側面から光をあてたのは、向田邦子だと私は思っている。この人は、たとえばこんなふうに書く。

「カレーライスとライスカレーの区別は何だろう。（中略）金を払って、おもてで食べるのがカレーライス。自分の家で食べるのが、ライスカレーである。厳密にいえば、子供の日に食べた、母の作ったうどん粉のいっぱい入ったのが、ライスカレーなのだ。」

向田邦子という作家は、まさにカレーライスではなく、ライスカレーを書くことに心を砕いた人である。エッセイに登場するのは、気張った料理ではなく、ごくふつうの料理だ。たとえば味醂干し、たとえば薩摩揚げ。この人にかかると、海苔巻きのはじっこ、大根の切れ端までもが、光を浴びて生き生きと輝き出す。

おいしいものを愛したこの作家は、贅沢な料理もきっとたくさん食べただろうと思う。世界

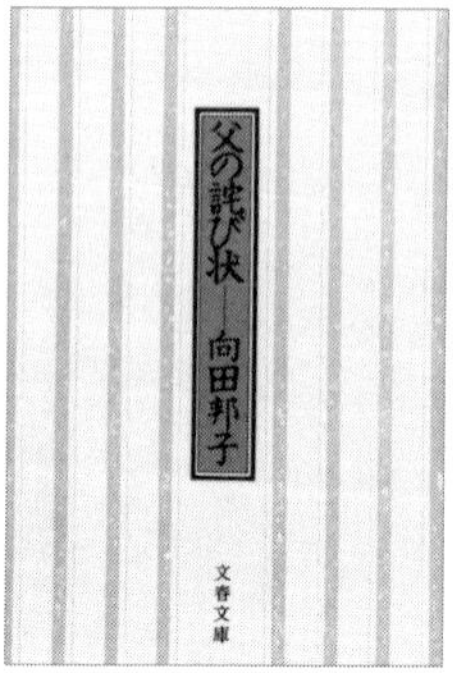

向田邦子｜著
文春文庫　530円＋税

私的読書録 1

角田光代

各国の料理も高級レストランのものも食べただろう。でも、書いたのはそうした非日常ではない、日常食だ。そういうものを書くのに、躊躇はなかったのだろうかと、同じもの書きの端くれとして私は想像する。小説ならばともかく、エッセイの場合、「残った精進揚げを甘辛く煮つけたもの」よりも、それこそ高級レストランのフルコースを書いたほうが、かっこいいではないか。でもそうはしなかった。徹底して、ふつうのごはんを書いた。しかも堂々と。

そう思ってから向田邦子の小説を読みなおしてみると、そこにも彼女の「ライスカレー」的こだわりが見えてくる。描かれるのはあくまで日常である。人の、おもて向きの顔、おもて向きの関係ではなく、内に抱え持った矛盾や葛藤である。家族のなかで、父という役割を持った男が、あるいは妻という役割を持った女が、ある瞬間、それをふっと脱ぎ捨てて、まったく別の顔をかいま見せる。人が二人集えばそこはすでに社会であり、私たちはおもて向きの顔を求められる。向田邦子が小説で描くのは、個というものが抱え持つ、どうしても捨てきれない「ライスカレー」的な顔であるように、私には思えるのだ。

ライスカレーも海苔巻きのはじっこも、いや、ふつうの日のふつうのごはんは、この作家が書かなかったらちょっとみっともないものだ。でも向田邦子が書いたから、ちょっとすてきなものになった。それを書くのはみっともないことではなくなったし、それを読むのはたのしみになった。この作家は、脚本、小説、エッセイのなかで革命を起こしたのだ。その革命の恩恵を、私は未だに享受しているということだ。（角田）

『御馳走帖』

百閒曰く、「うまい、まずいは別として、うまいのである」

内田百閒｜著
中公文庫　857円＋税

味とはつねに相対的なものである。作るひとによって、食べるひとによって、味は簡単にその評価を変える。好みの問題もあるだろうし、体調のよしあしや、場の雰囲気によっても、味覚はおおきな影響を受ける。変わらないのは、健康な状態で生活しているかぎりかならずお腹が空く、という事実だけだ。

そうなった以上、なにかを食べなければならない。「腹が減っていればなんでもうまいもんだ、戦時中は食べものがなくてどんなにたいへんだったか、いまはあるだけ幸せじゃないか、出されたものは残さず食べなさい」。私はかろうじて、そんなふうに説く大人たちがいた時代の生まれだが、彼らが味にうるさくないかといえばそんなことはなくて、うまいものはうまいと言い、まずいものはまずいと言う。腹八分で止めずに満腹中枢が刺激されるまで飲み食いをつづけている。

むかしから、私はその点がどうも釈然としなかった。命にかかわるほどの食糧難を乗り切った者ですら、やはり「うまい／まずい」という基準しか持てないのか。もったいないから、贅沢だからといった、だれでも思いつくような理由づけではなく、食べることが全人格にかかわる営為であり、場合によっては既成の価値観をひっくりかえしてしまう場でもあることを示し

堀江敏幸

てほしいのに。

そんな不満を一挙に取り払ってくれたのが、内田百閒《ひゃっけん》の随筆だった。彼はひとびとがこういうものだと信じている食の通念を、食欲ではなく食い意地によって、こだわりではなく不機嫌によってくつがえす。たとえば、蕎麦について。昭和八年、四十四歳で法政大学ドイツ語教師を辞した百閒は、太りすぎを懸念して、昼食に米を食べず、近所の蕎麦屋から盛り蕎麦を「一つ半」運ばせることにした。この「一つ半」という量がじつに微妙である。

「別にうまいも、まづいもない、ただ普通の盛りである。続けて食つてゐる内に、段段味がきまり、盛りを盛る釜前の手もきまつてゐる為に、箸に纏れる事もなく、日がたつに従つて、益うまくなる様であつた。うまいから、うまいのではなく、うまい、まづいは別として、うまいのである」

きまった時間に、きまった蕎麦を家で食べるには、さまざまな困難を乗り越えなければならない。筆一本でいく決意を固めたとはいっても、家に閉じこもってばかりいては暮らしが成り立たないからだ。朝の用事がなかなか終わらず、昼近くなると、百閒は出前の蕎麦がのびてしまうのではないかと焦り出す。そこで、貧乏なくせに「大急ぎで自動車に乗つて帰る」。外出先に名店があると言われても、「そんなうまい蕎麦は、ふだんの盛りと味の違ふ点で、まづい。八銭の蕎麦のために五十銭の車代を払つて、あわてて帰る事を私は悔いない」とうそぶく。

行為の執拗な反復が、盛り蕎麦を盛り蕎麦以上のなにかに変える。百閒の『御馳走帖』には、「うまい、まづいは別として、うまい」という、禅問答のごとき愛すべき事例が、あたりまえのような顔で、ずらりとならんでいる。なんでもない盛り蕎麦が、全身全霊をかけた魔法によって、究極の美味となっていくのだ。（堀江）

『最後の晩餐』

味を語る怪物――。執念か、と思うほどの壮絶な味覚描写

開高 健｜著
光文社文庫　660円＋税

小説あるいはエッセイを書いていて、もっとも描写が書きにくいものがふたつある。性描写と味覚描写である。このどちらがより難しいか、と言われれば、味覚描写ではないかと私は思っている。他人の書いた小説を読んでいると、それがよくわかる。性描写に果敢に挑戦する小説は多いが、味覚描写にねっちり挑んだ小説・随筆というのは、案外少ないのである。

なぜか。答えはかんたんで、性に関しては方法論から快楽の有り様まで千差万別だが、食べ物に関しては結局のところ、うまい、まずいしかないからだ。九十九人の人が「うまい」と言っているものを「まずい」といえば、それは単なる味覚音痴かあまのじゃくということになってしまう。九十九人の「うまい」を、ほかの九十八人が思いつきもしない、なおかつ深くうなずく言葉で、いかに説明するかが、難しい。自分が書くときにも、そのことを心底実感する。

味覚描写がもっとも壮絶な作家は、開高健であると私は思っている。うまいとか優れている、という形容を超えている。執念か、と思うほどのすさまじさで、この人は味覚を描く。たとえば『輝ける闇』（新潮文庫）の汁そば。『夏の闇』（新潮文庫）のオレンジ。『地球はグラスのふちを回る』（新潮文庫）のベルギーショコラ。『青い月曜日』（文春文庫）の、極貧のなかのサツマイモまで。読む者は、小説や随筆を味わいながら、同時にそこに描かれた未知の味を気がつけば

私的読書録 3

角田光代

覚えこまされている。

食がテーマの随筆集『最後の晩餐』を読むと、この作家の執着が、味覚描写にではなく、食そのものに向かっていたのだと知ることができる。古今東西の食文化から食人という忌避にまで触れ、オットセイのオチンチンについて考察し、「食べれば食べるだけいよいよ食べられる御馳走はないものかしら」との疑問のもと、十二時間フルコースを考え実行する。まさに壮絶、という言葉しか浮かばない。

なぜにこの作家はそこまで食に執着したのか。私はこのエッセイに収められた「一匹のサケ」に、そのヒントがあるように思える。戦争で父を亡くし、稼ぎ手を失った開高少年の家は困窮する。学校に弁当を持参することのできない彼は、昼休み、ふらりと教室を出て水を飲みにいく。水で空腹を満たすのである。あるとき級友が、水だけではつらいだろうと彼の耳元でささやく。「そのときこの単語が火のように背骨に食いこみ、そのまま居座って今日まで棲息しつづけているのである。」と、作家は書く。その背骨に食い込んだ火が、つまるところ彼の言葉だったのではないか。

この作家の、食に対する執着は、同時に生に対する執着だった。生というものが、「うまい」「まずい」のシンプルな区別におさまるはずがないのと同じように、彼にとって食もまた、言葉を尽くしても尽くしても到達できない深淵だったのではないか。

テレビの食番組で、蟹でも肉でも米でも刺身でも野菜でも、レポーターがみな口をそろえて、うまいという意で「あまーい！」と言うとき、その語彙の貧しさが、生きることの貧しさに通底しているような気持ちに襲われてしまうのは、私があまりにも、この作家の描く生に魅せられてしまったからだろう。

（角田）

『妻恋いの宿』『食べない人』所収

年老いた妻のいる施設の献立表。今日は〝ゆかりご飯〟とある

学校給食や社食のランチの献立表を読むのは、なかなか楽しいものだ。子どもの頃は、一週間の、あるいは一カ月の献立が栄養価の表示とともに記された表をもらうと、それを壁に貼ったり冷蔵庫に磁石でひっつけたり、けっこう大切にして、恥ずかしいから印こそ付けたりしないけれど、朝、出がけに目をやって、主菜になにが記されているかをチェックしていた。

白身魚のフライ、ハンバーグ、カレー、炊き込みご飯、ちくわのフライにキャベツの塩漬け。パンとミルクのほかに、ブロック型のマーガリンや小さなビニールに入った蜂蜜がついたり、ヨーグルトが添えられていたりするだけで、気分がよくなる。しばしば鯨肉も揚げ物で登場していた昭和四十年代の給食は、いま思い返すと、なかなか貴重な習慣だった。

好き嫌いなどないと公言してはいても、好きなものが出てくればやっぱりうれしい。料理の名とカロリーが記されているわら半紙の献立表は、来るべきよろこびの分布図だった。今週の水曜日にやきそば、来週の木曜日に肉じゃががやってくる、と思い描いただけで幸福になれる時期が私にもあったのだ。

しかし、献立表にはべつの機能もある。それは、親しいひと、大切なひとが、いま、自分も食事をしているこの時間に、ここではないある守られた場所で、あれとこれを食べているのだ、

青山光二｜著
筑摩書房　品切れ

私的読書録 4

堀江敏幸

と考えること。大事な存在が、ふだんなにを口に入れているのかを知っていてそれを思い浮かべることは、おなじ空を見ているという共通感覚とは根本的に異なる安堵をもたらす。たとえば小学校の献立表は、娘や息子が、なにをどんな顔で食べているかを想像するためにある、と言っても言い過ぎではないだろう。どんな食材が組み合わさってどんな料理ができ、どんな栄養があるのかを確かめるわけではない。おなじ時間に、離れた場所で子どもたちがなにを食べているのかを知っていて、そのうえでお箸やナイフやフォークを動かしている姿を思い描く、ということである。

さて、青山光二の『食べない人』に収められた『妻恋いの宿』は、八十代前半でアルツハイマーに苦しみ、「老人保健施設」に入っている妻の昼食の献立を、八十代後半に差しかかっている夫が箱根のホテルの食堂で思い出す話だ。妻の献立は、「ゆかりご飯／れんこん含平／五色和え／鮭の塩焼き／味噌汁（ほうれん草・玉葱）」。夫のほうは「茸入りコンソメ・スープに始まって、平目（茶巾仕立て）のサフラン・ソース、鱸のグリエに松茸、鰯にポテト・チップと盛り沢山のようでいて量はたぶん軽い」という豪華メニューである。そんな食事にありつきながら、「〝ゆかりご飯〟って何だろう。一週間に一回は〝ゆかりご飯〟だ。杏子はちゃんと全部食べているのだろうか」と夫は思う。

それだけのことだ。しかし献立表がなかったら、きらんと栄養をとっているだろうか、と案ずるしかないだろう。献立をしっかり頭に入れていることが、身近な他者に対する無償の愛を、ほんの少しではあれ、具体的な手触りをもったものとして、よりいっそう高めてゆくのである。（堀）

『火宅の人』（上・下）

台所が欲しい──。放浪を選びつつ〝生活〟を求め続ける滑稽な矛盾

あまりにも有名な小説だが、この小説の何がおもしろいって、主人公桂一雄のはちゃめちゃな暮らしぶりではなく、彼が内に抱える矛盾である、と私は思う。

彼は「天然の旅情に忠実に生きたい」と願い、ほとんど生活破綻者のような暮らしぶりなのだが、しかしある一点で暮らしに深く根づいている。たとえば、愛人とホテルで何カ月も暮らす。それはそれでいいじゃないか、と私は読者として思うのだが、この主人公はホテルにいることに我慢ならなくなってくる。なぜか。自分で調理をしたくてたまらないからである。そして部屋を借りる。それだけでは飽きたらず、次々と部屋を借りていく。そしてほうぼうの家で、肉の塊を煮、しょっつる鍋の準備をする。

根無し草のようにあちこち放浪したいと願いながら、料理をする場所がどうしても欲しくなる。これはたいへん滑稽な矛盾である。彼はおいしいものを食べたいのではなく、料理をしたいのである。しかも、ちまちました料理ではなく、どかん！　とした料理。どかん！　と料理をするにはそれに見合った台所が必要となる。台所とはすなわち生活である。生活から逃れながら、生活を求めている。興味深いのは、自分の内にあるその矛盾について、本人が無自覚なところだ。その無自覚さ加減が、この一冊を単なるセンセーショナルな私小説に終わらせるこ

檀 一雄｜著
新潮文庫　各670円＋税

私的読書録　5

角田光代

とをしなかった。不可思議で奇天烈《きてれつ》で滑稽な、人、という不可解を、この小説はめいっぱい描き出している。

桂一雄が身を焦がすようにして作りたがった料理の数々は、『檀流クッキング』（中央文庫）にレシピとともに登場する。肉も野菜も魚も、みな、どかん！　とした料理である。おおざっぱな男料理というのとはちょっと違い、素材の野菜にも魚にも肉にも生命力がみなぎっていて、こちらもそれに向き合うだけの生命力を動員して「さあ、やるぞ」と鉢巻きをしめなければならないような、料理なのである。レシピを見ればたいていのものは作りたくなり、実際に作ってしまう私だが、『檀流クッキング』の料理を作ることはないだろうと思う。この料理本からは妙な気迫が感じられ、そこにたじたじとなって腰が引けてしまうのである。この気迫の正体は、『火宅の人』の桂一雄が逃げ出しつつ求めた、大いなる生活なのではなかろうか。その生活とは、鉢巻きしめて「さあ」と気合いを入れるような、生命力に満ちた、ばかでかい何かなのである。

この料理本には、分量などまったく書かれていない。「たっぷりの酒とはどの位の量だと聞かれそうだが、私ははかったことはない」と、すべてこんな調子。量はてきとう、マイタケがないならエノキダケでけっこうと代用可、そんなふうに剛胆でありながら、しかし「勿論、薬味に、ユズの皮一ソギだけは、ほしいものだ」と、ときどき繊細が顔をのぞかせはっとさせられる。

剛胆と繊細。根無し草と根をはった大木。言葉にすればことごとく矛盾するそれらは、ひとりの人間の内に、まったく相対せず共存する。檀一雄という人が、その証明のようなものである。（角田）

『はしれ！ ショウガパンうさぎ』

ショウガパンとジンジャーブレッドの隔たり

生姜というものは、和風の料理にしか使わない香辛料だと思いこんでいた。もちろん、子どもの頃の話だ。薄切りにしたものを魚と煮込んでくさみをとる。摺《す》り下ろして冷や奴に葱《ねぎ》といっしょに添える。醤油に溶いてササミの刺身につける。文字通り豚肉の生姜焼きに使う。風邪をひいて喉を痛めたときお湯に入れて飲む。ごく普通の家庭料理の素材でしかなかったその生姜をジンジャーと言い換えた瞬間の過激な変貌ぶりに驚いたのは、いつのことだったろう。生姜入り炭酸飲料とジンジャーエールでは、味はもちろん泡立ちの音までちがって聞こえてきそうである。そして芳香も。

アメリカの詩人ランダル・ジャレルに『はしれ！ ショウガパンうさぎ』という、子ども向けの物語がある。原題は『ザ・ジンジャーブレッド・ラビット』。生姜をショウガとカタカナにしてもなお、語感からなにから両者にはずいぶん隔たりがあってとても等価物とは思えないのだけれど、そもそもショウガパンじたい私たちには馴染みの薄いものだろうから、そのくらいのことには目をつむっていいかもしれない。

学校から帰ってきたとき、なにかびっくりするようなものを作っておいてあげよう。娘をスクールバスまで送った帰りにそんなことを考えていた母親は、すばらしい毛並みの、人見知り

はしれ！
ショウガパンうさぎ
ランダル・ジャレル作　長田　弘訳

ランダル・ジャレル｜著
ガース・ウィリアムズ｜絵
長田 弘｜訳
岩波書店　1300円＋税

私的読書録　6

堀江敏幸

しない茶色いうさぎに出会って、おなじようなうさぎの形をしたパンを焼くことにする。小麦粉、糖蜜、赤砂糖、そしてショウガ。それをミキシング・ボウルに入れてよくこねて、のし板にひろげ、めん棒で平たく延ばしてから、包丁でうさぎの形を切り抜いた。「半ズボンをはき、コートを首までひっぱりあげたショウガパンうさぎです。おかあさんは干しぶどうを二つぶとって、それをうさぎの顔のうえにおいて、目にしました。口はサクランボ。鼻は熱い湯にとおしたアーモンド」。あとはオーブンで焼くばかり、というところで屋台の八百屋がやってきて、彼女は野菜を買うために外へ出て行く。そのあいだに目を覚ましたショウガパンうさぎは、周囲の台所道具たちから自分の運命を知らされ、焼かれる直前に森へ逃げ出す。

英米圏では、ショウガパンで作られた動物たちがこうして人間の手を逃れ、あちこち走り回ったあげく最後には狐かなにかに食べられてしまうという物語の定型があって、一九六四年に発表されたジャレルの作品もそれを踏まえたうえで書かれているのだが、結末は独自のものに変えられている。訳者の長田弘は、一九六〇年に刊行されているジョン・アップダイクの代表作『走れウサギ』もまたショウガパンうさぎの流れにあると「あとがき」で指摘しているけれど、なにかから逃走しつづけるというショウガパンの姿には、たしかに時代の空気が反映されているようだ。

それにしても、ショウガパンうさぎに、「焼かれたあとで」逃げるという選択肢はなかったのだろうか。だれかに食べられさえしなければ死なないのだから、より香ばしく、より魅力的な身体を手に入れるまで我慢してみる手もあっただろうに、それが残念でならない。（堀江）

『温かなお皿』

気品に満ちて野蛮。真剣に、豪快に、食と向き合う女たち

江國さんの小説には、じつによく食べものが登場する。そしておもしろいことに、食の細い女は登場しない。みな、驚くほどよく食べる。その姿は、気品に満ちて野蛮である。そしてそれぞれの小説のなかで食べものは、登場人物と同じく、生き生きとした個性と運命を与えられている。

『温かなお皿』は、食べものにまつわる短編小説集で、このなかの一編『ねぎを刻む』が、私はことのほか好きだ。恋人も両親も友だちもいる主人公が、ある日突然、深い孤独に襲われる。彼女は何をするかというと、大量のねぎを刻むのだ。そして言う、「私の孤独は私だけのものだ」と。なんと誇り高い言葉だろうと思う。そして彼女が延々と（泣きながら）行うのが、「塊肉を煮込む」とか「鶏ガラでスープをとる」とかではなく、ねぎを刻む、というのが、そのささやかさが、とるに足らない感じが、とてもいい。ねぎの、あの白さや薄緑が、孤高をともなって思い浮かぶ。そしてたっぷりねぎを使ったたったひとりの食卓が、神々しくすら思えてくる。

愛する、よろこぶ、かなしむ、痛みを覚える、笑う、悩む、そして孤独につかまる——生きることを分解してあらわれるそれらと、「食べる」行為は、この作家の小説のなかで、ほとん

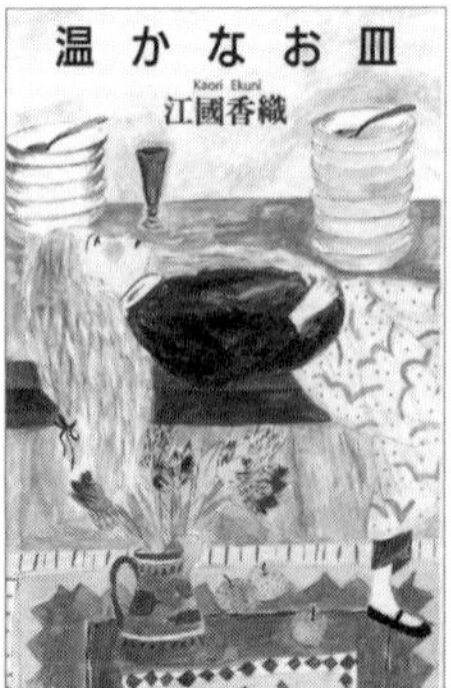

江國香織｜著
理論社　1300円＋税

私的読書録　7

角田光代

ど同義であるかのように思える。

『薔薇の木 枇杷の木 檸檬の木』（集英社文庫）という小説には、九人の女性が登場し、恋をしたりしなかったり、結婚を決めたり離婚をしたり、とにかく関係が非常に入り組んでいくのだが、ここでも食べものは魅力的にその個性を発揮している。

たとえば、浮気性の夫と結婚しているれいこは、ホームパーティが好きで、しょっちゅう大勢を家に招く。そのときのメニュウが仔細に描かれている。チーズと素揚げしたれんこん、オーブンで焼いただけの野菜、鶏の煮込みにバジリコライス、といった具合で、パーティの様子はまるで映画のようにきらびやかに幸福そうなのだが、このパーティ料理が、れいこという女の立ち位置を際だたせ、さらに、彼女の夫に恋をする若い女性、桜子の苛立ちを爆発させるきっかけをも作り出す。

食べるシーンは、この作家の小説のなかで、いつも幸福そうなのだが、しかしどことなくさみしさもつきまとう。それはきっと、この作家が、食べることを刹那として描いているからではないか。その場の空気、そのときの会話、テーブルを囲む人々の関係、今日という一日、今という時間は、一度こっきりで二度と再現不可能である。それは、私たちの、愛する、よろこぶ、かなしむ、笑う、悩むという生きることの細部が、再現不可能であるのとひとしい。一度きりの刹那を、過ぎていく今を――それが孤独やかなしみといった感情であっても――、いかに十全にたのしむか。味わうか。江國香織の小説の登場人物たちは、いつもどうしようもなく真剣にものを食べており、同様に、どうしようもなく真剣に、それぞれの生を生きている。（角田）

『寺田寅彦随筆集　第四巻』

ミルクの入ったおまんじゅうの味は

モーニングサービスと称するものがある。コーヒー、トースト、ゆで卵。これが目玉焼きやベーコンエッグになったり、サラダやオレンジジュースが添えられたりすることもあるけれど、定番と呼びうる組み合わせは、全国どこへ行っても、ある程度まで共通ではないだろうか。

小さな留保をつけたのは、私の故郷のあたりでは、それが通用しないからである。喫茶店といえば、市の中心からずいぶん離れた駐車場完備のところがまだまだ主流で、そういう店が日曜日の朝にかぎって、ほぼ例外なく、コーヒー一杯の値段で信じられないような組み合わせを提供するのだ。

小学校の四年生くらいだったか、親につれられて「モーニング・デビュー」を果たした日のことは、いまだに忘れられない。店によってしきたりはいろいろあるはずだが、そこでは「ホット」と呪文を唱えれば、すべてが進行した。いや、正確には、大量に落として保温プレートにのせてあるやや煮詰まったコーヒーを注文しないかぎり、お楽しみメニューの権利は得られなかったのである。

うやうやしく運ばれてきたプレートを見て私は驚愕した。右の定番に加え、ヨーグルト、フルーツ、袋菓子などが山と盛られていたからだ。当時はこの付加価値の、質ではなく分量が人

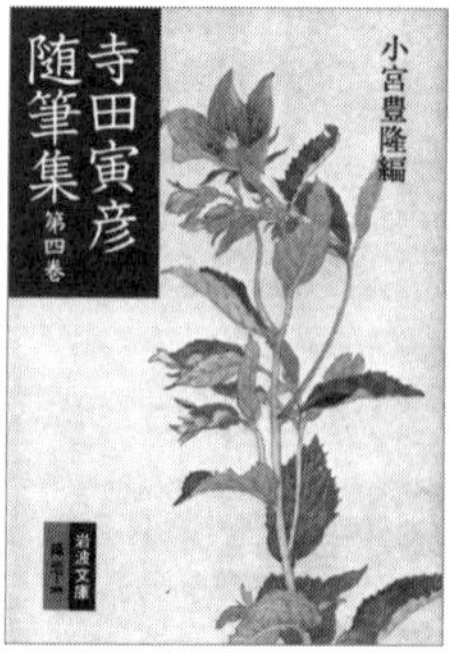

寺田寅彦｜著
小宮豊隆｜編
岩波文庫　700円＋税

堀江敏幸

気を左右していたらしい。

その後、いろいろな店をまわって、嫌というほど出くわしたおまけが、ひと口大の、外がかさついて中がダマになったシュークリームだった。食べるたびになんだかひどく空しい気分にさせられるこの袋入りの和製洋菓子とともに私はなかばむりやり「ホット」を口にせざるをえなくなり、小学生にしてコーヒー党になってしまった。豆を挽いて丁寧にドリップするのとは逆の方向の、少々いかがわしい安売り感に対する親近の念をいまだ消すことができないのはそのためだ。

コーヒー談義をするときいつも気になるのは、だからそうした個人的な来歴である。ずいぶんたくさんの話を聞き、聞かされ、また読みもしたけれど、もっとも琴線に触れたのが、寺田寅彦の随筆『銀座アルプス』と、その続篇とおぼしき『コーヒー哲学序説』だった。例によって異様なまでの記憶力を武器に、寅彦は四国から上京して眼にした銀座体験を語っている。

寅彦はなかなか味にうるさくて、銀座にはうまいコーヒーを出す店がないと断じ、「日本でのんだいちばんうまいコーヒーはずっと以前にF画伯がそのきたない画室のすみの流しで、みずから湯を沸かしてこしらえてくれた一杯のそれであった」と述べている。画家が高価な豆を使っていたわけではないだろう。とくに淹れ方がよかったとも思われない。寅彦はそのとき、心地よい雰囲気に味つけされた、貴重な一杯を飲んでいたのだ。

ところで明治三十年代、知人に「ミルクの入ったおまんじゅう」をごちそうすると言われてついていったら、それがシュークリームだったという挿話を彼は記しているのだけれど、モーニングサービスのトラウマを抱える私には、その味についてまったく触れられていないことが、いつも気になってしかたがないのである。

『カモイクッキング』

食べることは、こんなにも愉快なこと！

鴨居羊子の存在を知ったのはつい三、四年前だ。『女は下着でつくられる』（国書刊行会刊）を読んで、こんな作家がいたのかと驚いた。私はいっぺんで魅了され、この作家をそれまで知らずにいたことを後悔したほどだった。

一九二五年生まれの鴨居羊子は、新聞記者から女性の下着デザイナーに転身する。色は白、種類はズロースや肌着が一般的だった当時の女性下着業界に、カラフルでポップなブラジャーやショーツ、コルセットを登場させた。鴨居羊子は下着業界における革命家なのである。

この魅力的な革命家は、『カモイクッキング』という料理エッセイも書いている。先に挙げた『女は下着でつくられる』もそうだが、この人の書いたものは、時代によって古びることがまったくなく、今読んでも至極新鮮である。言葉はいつも的確で、斬新で、幼い子どものようにのびやかである。目線はまっすぐで、何かたのしいことはないか、おもしろいことはないかとつねにくるくる動いている。『カモイクッキング』もまたしかり。

「私は食べることは好きだが、いわゆる食通でも味通でもない。」という一文から始まるこのエッセイは、食べること、ひいては暮らすことをいかにたのしむかという、鴨居的方法論に満ちた一冊である。登場する料理はみなおおざっぱというか、おおらかというか、分量など細か

鴨居羊子｜著
ちくま文庫　品切れ

私的読書録 9

角田光代

く説明していない。そのあたりが、いかにも気取りのない実践料理という感じである。しかも彼女の料理はグローバルで、フランス風があったり、スペイン風があったり、ドイツ風があったり、かと思えば石川県のジブ煮が懇切丁寧に説明されていたりする。

つくづく思うのは、この人には垣根がない、ということ。男だからこうあるべき、女だからこうあるべき、という垣根。上品、下品だの、行儀の良し悪しだの、そうしたものの垣根もすべてとっぱらってしまって、上も下も西も東もぐだぐだと混じり合ったそのカオスから、自分にとっての愉悦のみを吟味して取り出す。愉悦は私たちを解放する。解放をこそこの作家は求めたし、彼女の文章に触れた読み手が感じるのもまた、あっけらかんとした解放感である。

このエッセイに登場する人々も印象深い。少女のような大連生まれのマダムF、踊ることに人生をささげたマリーさん。六百坪の土地で悠然と暮らすK子。恋文横町の飲み屋さんにいる料理上手のママ。鴨居羊子が描く彼女たちはきらきらと美しい。

すべての垣根をとっぱらって、愉悦を基準に鴨居羊子が手に取るものは、それがどれほどささやかであれ、手品のようにきらびやかに光を放つ。かつてお洒落な下着で女性たちを解放したように、この人は言葉でもまた、私たちを解放する。ともすると七面倒だったり殺伐としたり単なる繰り返しになりがちな生活というものから、解放し続けている。ずっと未来の女性たちだって、この革命家によって、解放を味わうことができるだろう。（角田）

『わが町』

世界にひとつしかない、ストロベリー・クリーム・ソーダ

みずからしつらえた最低限の装置——テーブル一個と椅子三脚を二組、低いベンチを一個——のみで、幕も背景もないただの函《はこ》のようながらんとした空間に立って、舞台監督と称する男が観客に語りかける。「マサチューセッツ州から境界線をちょっと越えたあたり」、正確に言えば「北緯四十二度四十分、西経七十度三十七分」のところに存在する「ニューハンプシャー州のグローヴァーズ・コーナーズ」、それが「わが町」である、と。

ソーントン・ワイルダーの名作『わが町』は、神をも超越した無限の宇宙の視点から精密に割り出された、どこにでもありそうで、かつそこにしかない田舎町に生まれ育った人々を登場人物とする三幕劇だ。第一幕は、一九〇一年五月七日、日の出少し前という、これも厳密な設定である。主人公と呼びうるのは、のちに結婚して農家を経営し、ふたりの子に恵まれるギブズ家のジョージとウェブ家のエミリーだろうけれど、後者は二人目の子の産褥で亡くなり、前者はフランスで戦死してしまう。その事実を、観客ならびに読者は、時空を行き来しつつ回顧的に淡々と語る舞台監督の口から、進行の途中で先走って知らされる。

第二幕は三年後の一九〇四年。ハイスクールの帰りに、ジョージとエミリーは心のすれちがいを修復し、将来を誓う。結婚式の朝の場面も、ここに収まっている。ところがさらに九年後

ソーントン・ワイルダー｜著
鳴海四郎｜訳
早川書房　940円＋税

私的読書録　10

堀江敏幸

の設定となる第三幕では、視点が死者たちのものになっているのだ。見知ってきた町の人々の多くが、生者たちの世界を見つめる。完全に失ってしまってからでなければ気づかなかった、ごくささやかな日々の細部の大切さを、会話ひとつのいとおしさを、存在していたことの重さと美しさを、彼らはようやく理解する。

エミリーは、一八九九年二月十一日、十二歳の誕生日の自分を見つめるために、一日だけ過去に戻り、そしてつぶやく。「ママもパパも、さようなら。時計の音も……ママのヒマワリも。それからお料理もコーヒーも。アイロンのかけたてのドレスも。あったかいお風呂も……夜眠って朝起きることも。ああ、この地上の世界って、あんまりすばらしすぎて、だれからも理解してもらえないのね」

ここに登場する食べ物は、二十世紀初頭の北米の片田舎であたりまえのように口にされていたものばかりだ。コーヒー、ベーコン、フレンチ・トースト、糖蜜、ドーナツ。おいしい、おいしくないについては、ひとことも書かれていない。その日、その時間、そのひとと食べたという事実だけが、あとから輝きだす。だから、どれもこのうえなくおいしそうに感じられる。

十代のエミリーとジョージが、学校帰りにドラッグストアに立ち寄る場面がある。ジョージはクリーム・ソーダを飲もうと誘うのだが、彼女がストロベリー・ソーダを頼もうとするのを制して、ストロベリー・クリーム・ソーダをふたつ注文する。それだけのことだ。でも、その日、その町の、その店で、大切なひとと飲んだ冷たいソーダの味は、世界にひとつしかなく、二度と味わうことができないものなのである。（堀江）

『小公女』

読むことでしか食べられないもの

最近、そういう仕事があって、子どものころの本を重点的に読み返している。本の内容をそっくりそのまま覚えていることはまれで、よくておおざっぱなあらすじを覚えているきり、悪ければ読み返してもちっとも思い出せないものもある。

しかし話の内容をまるきり思い出せないものでも、たったひとつ、「ああ、読んだ読んだ」とそこだけ思い出させる描写というものがある。それは食べものにまつわる描写である。

たとえば『小公女』。子どもの私が読んだのは、ダイジェスト版だった。もちろん子どものころは、それがダイジェスト版だなどとはわからない。絵入りの短いお話が、そのまま『小公女』だと思っていた。つい先だって件《くだん》の仕事で読み返す機会があり、資料用に本をさがしたところ、伊藤整訳の完訳版があるとはじめて知った次第である。

この『小公女』、あらすじだけはかろうじて覚えていた。大富豪の娘が一転して一文無しになり、学校の寮でいじめ抜かれ、それでも何かのきっかけでまた大富豪の娘に戻る、というじつにおおざっぱなあらすじではあるが。だから、あらためて読んだ完訳版は、なんだか未知の物語のようにおもしろかった。

この物語のなかに「甘パン」という食べものが出てくる。お金を拾ったサアラが、顔を上げるとパン屋があって、おかみさんが焼きたての甘パンを並べている。この甘パンのくだりで、

バーネット｜著
畔柳和代｜新訳
新潮文庫　590円＋税

私的読書録　11

角田光代

私は思わず「ああ、甘パン！」と叫びそうになった。内容はおおざっぱにしか覚えていないというのに、サノラが甘パンを買う場面だけは、というより、物語に登場する甘パンの存在は、じつにありありと覚えていたのである。その甘く香ばしいにおい、ふっくらとしたやわらかさ、そして口じゅうに広がる甘さ……。

ところで私は、未だに甘パンというものがどんな食べものなのか知らない。知らないのに、舌も鼻も目も胃袋も手も、記憶しているのである。子どもの読書はすごい。食べるのだ、本当に。

考えてみれば、『長くつ下のピッピ』に出てくるジンジャー・クッキーも、『ハイジ』の黒パン、白パン、山羊のチーズも、『ちびくろさんぼ』に出てくるトラのバターも食べたことはない。でも記憶している。読みながら食べたからだ。子どもの読書は目だけでなされるわけではない。手も舌も、鼻も耳も総動員して、子どもは本を読む。そしてそのまま、五感で物語を覚えてしまう。

ちなみに、私は『ハイジ』を愛読していた故に、生まれてはじめてライ麦パンを見たとき（たしか二十代の後半）、「あっ、まずいパンだ」と思った。未だにパンの種類を選べるサンドイッチ屋で、「ホワイトブレッドにするか、ライ麦パン、全粒粉パンにするか」などと訊かれると、絶対にホワイトブレッドを選ぶ。あの物語に出てきた黒パンは、ライ麦パンでも全粒粉パンでもなくて、もっと違う種類だと思うのだが……。そして、山羊のチーズをはじめて食べたとき（三十五歳だった）、思わず、「違う！」と心のなかで叫んでいた。

きっとほんものの甘パンを食べてさえ、私は「違う！　これは甘パンではない！」と思うのだろうな。本に出てくる食べものというのは、読むことでしか食べられないのだ。

角田

『蜜柑』『芥川龍之介全集3』所収

夕闇の放物線――蜜柑を、投げる

てのひらにちょうど収まるくらいで、適度な重さのある球体が手元にあると、なぜかぽんぽん投げあげたくなる。むかしからそうだった。では、これまでなにを投げてきたか。すこし軽すぎるけれど、私にとっては大切な卓球のボール、ほんとうは弾ませるべき大型のスーパーボール、ふにゃりと情けない軟式テニスのゴムボール。細胞分裂図のような模様が入っている硬式テニスのボールも投げたし、軟式、硬式双方の野球のボールも、気がつくと宙に舞っていた。上腕に一度ぶつけて跳ねあげるなんていう大道芸もどきの遊びに興じていたこともある。

　忘れてならないのは、球体の果実だ。酢橘《すだち》に金柑、蜜柑《みかん》に伊予柑、夏蜜柑に八朔《はっさく》。梨、柿、桃、それから林檎。こうして漢字を並べてみるといかにも硬く鈍重に響く物体が、胃に収まる前のわずかな時間、てのひらを逃れ、忌まわしい重力を忘れるさまを見るのは、なんとも言えないよろこびだった。近所の八百屋さんにお使いに行った帰り、歩きながら、だれも見ていないのを確認して真っ赤な林檎や艶やかな柿を放りあげると、それが空の青や低い雲の薄い灰色とまじわってじつに綺麗だったことを、しばしば思い出す。地面に落として叱られたことはみごとに忘れて。

　ところで、漢字にしてしまうとなにかアウラが消えてしまう果実もある。私の感覚では、そ

芥川龍之介｜著
ちくま文庫　840円＋税

私的読書録　12

堀江敏幸

の筆頭はオレンジだ。皮の硬いオレンジは、乾いた青空によく映える。食べるためではなく、投げるためにある、そう言いたくなるほど存在に重みがあって、ロルカの詩などで出会うと、すぐにでも地中海沿岸の国に飛び、白亜の建物の窓からオレンジを投げてみたくなる。

オレンジがなにかの象徴であるとしたら、それによく似た日本の蜜柑はどうか？　蜜柑といえば冬。寒い廊下や台所でよく冷えたものであれ、暖かい部屋の、炬燵のうえの籠でぬくりとしたものであれ、蜜柑はいつもおだやかな静物のイメージである。あまく柔らかく、いつのまにか食べ終えてしまっている身近な果物。とくに実と皮のあいだに隙間ができているものは、味はよくても人に手渡すときふにゃりとして、やや頼りない気がする。真上に数十センチくらいならともかく、それを遠くへ投げるなんてもってのほかだ。

ところが、かつてその蜜柑を、機関車の煤《すす》けた窓から力一杯放り投げた女の子がいる。「油気のない髪をひっつめの銀杏返しに結って、横なでの痕のある皸《ひび》だらけの両頬を気持ちの悪いほど赤く火照らせた、いかにも田舎者らしい娘」。大正八年四月に発表された、芥川龍之介の短篇『蜜柑』の主人公である。語り手の前に腰を下ろした彼女は、周囲の迷惑をかえりみず、トンネルのなかで必死に窓を開ける。そして、闇を抜けた瞬間、彼女は土手の下で手を振っている小さな男の子たちに向かって、大きな風呂敷に入れてきた数個の蜜柑を放り投げるのだ。

奉公に出かける姉と、見送りに来た貧しい身なりの弟たち。夕闇のなかで本来の色をなくし、煤をまとってべつの色に輝きながらも、それら蜜柑の味は、このうえなく苦く、このうえなく甘かったにちがいない。（堀江）

『富士日記』（上・中・下）

なんでもない日々が、ささやかな波乱に満ちる

武田百合子｜著
中公文庫　各933円＋税

　武田百合子の『富士日記』をはじめて読んだとき、心からびっくりした。それでもうこの人に夢中になってしまい、武田百合子の著書を次々と読み、読むたびにやっぱり、最初のときと同じにびっくりした。

　平易な言葉で日常的なことが書いてある。けれど読み進んでいくうち、ものごとの真理とか、目には見えないものごとの本質とかが、言葉ではなく描かれている。それでびっくりしてしまう。これはいったいどんな技なんだろう、とずいぶん考えたがわからない。

『富士日記』は、あとがきにもあるように、もともと人に読ませるために書かれたものではない。夫、武田泰淳と娘の花子とともに、夏のあいだだけ訪れる富士山麓の山荘での日々を、単なる日記、日々の記録として書き記したものである。泰淳の死後、十数年にも及ぶその日記を、雑誌に掲載しないかとある雑誌の編集者に言われ、武田百合子は夫との日々をよみがえらせるように日記を原稿用紙に書き写していく。

　書かれているのは、本当に単なる日々の記録。その日買ったもの、献立、その日会った人、会った人々の言ったこと、その日いった場所、そこであったできごと。一見だれにでも書けそうな文章だが、とんでもない。世界の細部がみずみずしく立ち上がり、人も、ものも、草花も、

私的読書録 13

角田光代

空も、愛嬌たっぷりにいきいきとしはじめる。なんでもない日々が、ささやかな波乱に満ちる。生活の持つ底力にしみじみと気づかされる。

たとえばこの人の書き記す献立だ。その日食べたものが、ただ書きつけてあるだけである。「朝　パン、ハンバーグステーキ、スープ。昼　ごはん、のり、うに、大根おろし。あとでホットケーキと紅茶。夜　おじや（卵入り）、鮭と玉ねぎ油酢漬、里芋味噌汁、茄子しぎ焼き。」といった具合。めずらしい食べものでもなく、味つけや感想が仔細に書きつけてあるわけではない。が、くりかえし書かれるなんでもない献立を読んでいるうち、だんだんと、パンやごはんや味噌汁といったものが魅惑の逸品のように思えてくるのである。武田百合子マジックである。『犬が星見た――ロシア旅行』（中公文庫）という紀行文にも、その日食べたものが仔細に書かれているが、これもまったく同様の力を発揮している。瓶ビール一本だって、じりじりするほどおいしそうなのだ。

文章力もさることながら、この作家はとんでもなく眼がよかったんだと思う。ごくごくありふれた景色のなかに、光を、輝きを見る眼である。武田百合子は生まれたての赤ん坊のような無垢な眼を持っていて、その眼でつかまえたものを、大人の筆でのびやかに描き出す。だから読み手は、世界をはじめて見る赤ん坊になれる。驚きと感動を素直に感じられる。

たいていの作家は、作家になりたいと願ってなる。でもこの人は、最初から作家だったのだ。言葉をつかまえようとしたのではなくて、言葉がすでに彼女をつかまえてしまっていた。夢中で読んだあとで、いつも羨望のため息をついてしまう。（角田）

『高村光太郎詩集』

アルコールのなかに溶け出して、記憶の珠を結ぶ

東京都と埼玉県の境に、一年半ほど住んでいたことがある。五階建てでエレベーターなしと説明すれば、どんな類のものかすぐに見当がつく集合住宅の最上階だったのだが、周囲はほとんど畑で、春先の風のつよい日には防砂をかねているらしい雑木林などものともせずに砂塵が舞い、窓のアルミサッシの隙間から極小の砂粒が容赦なく侵入して、床や書棚にうっすらと降り積もった。薄黄色の砂塵のパレットには、指先で簡単に文字が書けた。

　しかし風に巻き上げられた厄介な砂の出所は、都会では得がたい季節の野菜や果物の宝庫でもあった。のぼりの立っている無人販売所があちこちにあって、とくにありがたかったのは、大きな農家の敷地内に点在する果樹の実りが、格安で手に入ったことだ。杏、梅、梨、柿、栗、金柑、無花果《いちじく》、柘榴《ざくろ》と、どれもこれも形はいびつだが味は濃厚、一度口にしてしまうと、もう他所《よそ》では買えなくなるくらいのうるわしさなのである。

　そんな販売所のひとつで、六月の半ば、青い梅を買った。へんに濁った大きなビニール袋にどっさり入って、わずか数百円。十キロ近くあったのではないだろうか。投げ入れるグラニュー糖の多さにおののきながら、鍋の容量が許すかぎり一家総出でひたすら煮て煮て煮まくってジャムをつくり、なんておいしいんだろう、嗚呼、なんて幸せなんだろうと声にしつつ、トー

高村光太郎｜著
伊藤信吉｜編
新潮文庫　490円＋税

私的読書録 14

堀江敏幸

ストに塗り、パンケーキに塗り、ヨーグルトに入れ、あるいはただただ嘗《な》めまわし、もうこれ以上結構ですというくらい食べても食べきれなかった。そこで、二度目に買い求めた分は梅酒にすることにした。

　私は酒を受け付けない体質なのだが、気が張ってどうしても眠れないときなど、ほんの少量、睡眠薬代わりに飲むことがある。梅酒なら身体にもいい。おへそを取り、水洗いして、キッチンペーパーでよく拭いてからベランダで乾かし、ガラス瓶のなかに氷砂糖と交互に積みあげて最上層を氷砂糖で埋める。こうすれば、梅がぷくぷくと浮きあがってこない。それから上等な部類に入る焼酎を注いで蓋をし、台所の隅で数週間寝かせて、一度だけ味見をした。

　ところが、その後、あまりに多くのことが立てつづけに起こって心身に余裕がなくなり、梅酒の存在を忘れてしまったのである。不眠とは無縁の、疲弊しきった日々。引っ越しのたびに瓶を発見して、いつか飲まねばと思っているうち時は過ぎ去り、琥珀色に変じた液体は、遠い梅雨の季節の湿った時間を溶かし込んだまま、いまも台所で眠っている。

　高村光太郎は、「死んだ智恵子が造つておいた瓶の梅酒は／十年の重みにどんより澱んで光を葆《つつ》み、／いま琥珀の杯に凝つて玉のやうだ」と詩った。『レモン哀歌』の香気に隠れて梅酒の影は薄いけれど、悲痛な記憶は粒子となって空中に飛散するよりも、アルコールのなかにじっとり溶け出して珠を結ぶほうがあとを引く。

　数えてみると、我が家の梅酒は、十五年ものになっている。あれこれ思い出しそうなのが怖くて、私はいまだそれを口にすることができない。（堀江）

『タケノコの丸かじり』

日常食を描き続けるという徹底

東海林さだおは偉大であると、つくづく思う。

東海林さだおの著作はべらぼうに多く、「丸かじり」シリーズだけでも途方もなく多い。「丸かじり」シリーズは、すべて飲食に関わるエッセイである。この人は三十冊近くも飲食のことを書いているのである。手元にある『タケノコの丸かじり』の目次を見ると、三十五編のエッセイが収録されている。今までの「丸かじり」シリーズは（たぶん）二十八冊だから、単純計算として九百八十もの飲食エッセイを書いたことになる。これは驚嘆に値する。

さらにこの作家が偉大なのは、飲食について描くとき、決定的に庶民の味方であるということ。「丸かじり」シリーズ第一弾の『タコの丸かじり』が出版されたのは一九八八年。約三十年も前ということになる。この三十年、グルメブームがあり、B級グルメブームがあり、スローライフ推奨があり、オーガニック食材礼賛があり、と、食のシーンはさまざまに変化してきたわけだが、この作家が描くのは徹底して庶民の味。豚カツや蕎麦や、煮魚やメロンパンといった、だれもが一度は食べたことのある日常食を描き続けている。高級ホテルの昼食やクルーズ船でのディナー、バンコクのオリエンタルホテルの食事や、ケニアの朝食など、いわゆる庶民的ではない豪華な食事についてのエッセイもあるが、書いている視点はつねに庶民。「こん

東海林さだお｜著
文春文庫　品切れ

なにすてきなところで、こんなにすばらしい食材の、こんなにすばらしい料理を堪能した、読者には縁がないだろうからレポートしてあげます」というような記述の仕方ではないのだ。

　だれもが口にしたことのある、いわば「地味食」に対する、過激なほどの洞察力がまたすごい。読むと必ずはっとする。そうだ、本当にそうだ、と膝を打つ。たしかに蕎麦屋のカレーは異様に熱いし、おせちの空白は罪悪感があるし、麻婆豆腐を作るとき豆腐の四角を崩さないようにしている。あまりに当たり前すぎて、何も考えずに関わってきたが、その食と私のあいだにはこんなにもたくさんの思考があったのだと、あらためて気づく。

　この人の真の偉大さをしみじみと感じたのは、『タケノコの丸かじり』のなかの『白湯《さゆ》の力』というエッセイを読んだときだ。白湯である。あんなになんでもないものについて、ここまで言葉を紡げる人など、この作家をおいてほかにいないだろう。いや、白湯について書こうなどと無謀なことを思うのも、この作家をおいていないと思うのだが。

　私はこの『白湯の力』を読んだとき、作家の凄みというか、言葉を扱う人間の覚悟を感じて絶句した。東海林さだおの文章は、そういう気負いがまったくなく、むしろそうした大仰さを拒絶しているから、これらのエッセイを軽い読み物として位置づけている読み手も多いかもしれない。でもそうじゃない。この作家のやっていることは、とんでもないことなのだ。私はこのエッセイを数年前に読んで以来、「私には白湯について書けるか否か」をずっと自問しながら、言葉と向き合っている。

『チエちゃんと私』

食べ飽きるまで、いてもらいたい

夏の盛り、語り手の「私」ことカオリは、同居人であるチエちゃんから、交通事故で救急病院にかつぎこまれたと連絡を受ける。折悪しくイタリアンレストランで、勤務先の輸入雑貨店の社長でもある親戚のおばさんたちとよく冷えたシャンパンを飲みながら、料理を待っているところだったのだが、詫びを入れて、病院に向かった。

おいしい料理を味わう場面から始まる小説はいろいろあるけれど、食べ損ねる場面から幕を開ける話はめずらしい。しかも「私」は、お腹を満たしたいと思っていた食の欲望を「初動段階」で押さえ込んだことについて冷静な分析をほどこし、自賛したりするのだ。ふわふわして穏やかな文体なのに、思考の息継ぎの箇所では、楔《くさび》が打たれたように、きり、きり、とつよい言葉が立つ。それが、とても心地よい。

病院でチエちゃんの無事を確認した「私」は、ひとり家に戻る。「部屋のドアを開けると、おみそ汁の匂いがしてきた。／チエちゃんが作ったおみそ汁の匂いだった。」

イタリア料理の食べ損じから、自宅のキッチンの冷えたおみそ汁へ。この飛び方が小説全体の感触と同期する。ああ、ここは、ぜったいに冷えたおみそ汁でなければだめなんだ、と思わせる書き方で、逆に言えば、熱を奪われているのに気持ちはあたたかくなるという手品のよう

よしもとばなな｜著
ロッキング・オン
1300円＋税

私的読書録 16

堀江敏幸

な飲み物としてこの冷えたおみそ汁を持ってきたとき、作者は主人公ふたりの関係を、読者にさりげなく示したことになる。

ふたりが暮らしはじめて、六年。「私」は四十二歳、チエちゃんは三十五歳。チエちゃんは母の妹、つまり叔母の子で、父親は不明という設定である。ながらくオーストラリアの自給自足コミューンで暮らしていたのだが、その母が死に、葬儀のために帰国したチエちゃんは、小さい頃、オーストラリアの海辺で遊んで以来ほとんど接触のなかった「私」の世話になりたいと言い出す。「私」は、周囲の驚きをよそに、それをごく自然に受け入れる。まるで、最初からそうなることが、わかっていたかのように。

チエちゃんは食べ物に関心がない。野菜が嫌いで、御飯も嫌い。だからおみそ汁は作るけれど、お米は炊かない。にもかかわらず、「私」の母に、「おばさんのお好み焼きが食べたいです。豚肉とイカのが、印象的でした。」などと頼んだりする。そして、こうも言う。「お好み焼きを食べ飽きるまで、おばさんにいてもらいたい。」

食べているところを見ていてくれるひとが身近にいるかいないかで、人生は決まる。いま、目の前にいるひとを想う気持ちがなければ、こんな台詞は出てこない。「私」はチエちゃんといることの居心地のよさと疎ましさを通して、他者とのほんとうの接し方に気づく。それを身体で理解した頃に、新しい恋もめばえる。そこではフランス料理も生きてくるだろう。

冷えたおみそ汁や豚肉とイカのお好み焼きが、この小説ではべったりした和風にならない。宇宙食のように無国籍でしかも頼りがいのある、奇蹟の食材として輝いているのだ。（堀江）

『行きつけの店』

そこは学校であり、修行の場である

「酒場へ行くなら、超一流の酒場へ行き給え。安っぽい酒場で飲むな！　超一流というのは『いわゆる銀座の高級酒場』のことではない。（中略）キチンと飲み、キチンと勘定を払い、キチンと帰るのを三度続ければ、きみは、もう、超一流の酒場の常連だ。立派な青年紳士だ。店のほうで大事にしてくれる。」

これは、山口瞳が成人の日にサントリーオールドの広告として書いた文章で、『行きつけの店』のある一章に引用されている。この文章が、この一冊に通底しているし、ひいてはこの作家が体現した「大人の作法」をあらわしていると思う。

常連になるのが私は苦手だ。話しかけられるとなんだかどぎまぎしてしまう。頼んでもいないのに「いつもの？」と訊かれたりするのも、気恥ずかしい。ときおり「常連になりたい人」というのがいて、こういう人といっしょに店にいくとやっぱり恥ずかしい思いをする。ああ、常連っていやだな、とますます思う。が、この一冊を読んでいると、私の常連観も、「常連になりたい人」の常連観も、甚だしく間違っているなあ、と思い知らされる。

この本が紹介するのは、文字通り著者行きつけのバーだったり、鮨屋だったり、蕎麦屋だったりする。場所も、東京から九州、北海道、岡山とさまざま。そしてここに描かれているのは、

山口 瞳｜著
新潮文庫　710円＋税

私的読書録 17

角田光代

その店の料理についてではなく、食を介した人と人との関わりだ。

常連になる、ということは、一見さんよりも親切にしてもらうことではない、メニュウにない料理を出してもらうことでもない、同伴者に格好をつけることでもない。その店の人間と関わるということだ。その店の歴史を共有するということであり、その店の人々と長い時間を刻んでいくということだ。だからこの本には、著者が関わることになった人々の歴史が、家族の成長が、生きている時間が描かれている。料理や酒は、その仲介役として静かに控えている。

安っぽい酒場で飲むなと著者は書き、そして実際この一冊に「安っぽい」店は紹介されていない。著者が断るとおり、「安っぽい」は値段の高い低いではない。つまるところ、長くつき合える店を選べ、ということなのではないか。サービスの悪い店、もてなしを知らない店、料理のまずい店、手を抜いている店は当然の如く、長く続かない。そういう店とつき合っても人と関わることはできない。ともに歴史を作っていくことはできない。

TBSブリタニカから一九九三年に出版されたこの本を、私は古本屋で見つけて買った。写真やレイアウト、何から何まで美しい、贅沢な本で、この本の持つ大人の粋というものに至極似合っているのだが、残念ながら今は絶版になっている。そのかわり、新潮文庫で読むことができる。著者は紹介した料亭や酒場について、「私自身は、そこを学校だと思い、修行の場だと思って育ってきた。」とあとがきに書いている。この本はまさに、大人の学校のような本。完璧な絶版になっていないことに、ただただ感謝するのである。

『チキンライスと旅の空』

メインメニューが一品しかない。その洋食屋の名は

池波正太郎は日記にその日食べたものだけを記録していた。他になんの情報がなくても、あとから一日の出来事を思い出すことができるからだという。愛書家が購入本のメモを見てその周辺の状況を記憶のなかで再編できるように、食べることがほんとうに好きなひとなら、食事の前後になにをしていたかを苦もなく再現できるのだ。といって、それは特殊な能力ではなく、日々の暮らしのなかでどこに重点を置いているか、心がけの、楽しみ方の問題でもある。

朝日文庫から刊行された池波正太郎のエッセイ・シリーズ第四集にあたる『チキンライスと旅の空』は、タイトル通り食と旅にまつわる短文を再構成したもので、既読の文章も多いのだが、やっぱりこれはおいしそうだと文字を追う目が泳いでしまう箇所があちこちにある。油断をすると、お腹が鳴ってしかたがない危険な一書だ。ただし「原則として」、極端に贅沢な品は出てこない。

食に季節感がなくなり、それにともなって「食べものにまつわる情緒も消えた」と著者は嘆く。季節のめぐり、一日のリズムにあわせたふつうの食をふつうのものとして輝かせるのが、いま最も難しいことかもしれない。季節感は、あるものではなく、出すものになってしまったのだ。食の季節は、しかるべき代価を払わなければ、味わうことさえできなくなりつつある。

池波正太郎｜著
朝日文庫　品切れ

私的読書録 18

堀江敏幸

先に「原則として」と書いたのは、手の込んだ、ということはつまり贅沢なものも食べているからだが、その裏には、「連日の猛暑に食欲も失せた朝、色も鮮やかな、漬けごろの茄子を芥子醤油で食べるうまさは、実に夏の快味だ」とあたりまえのように書ける体験の積み重ねがある。擂り生姜を熱い御飯にのせてそこに醤油をたらし、「ざっくりと掻きまぜ」たり、握り飯に味噌を塗って網で焙ったり、あるいはもう子どもの頃に、「薄く切った白瓜を塩で揉んだのを、バター・パンにはさんで食べるのが好きだった」というひとだから、季節の食材にちょっとした手を加えることなど、ごくありふれた行為だったろう。

お汁粉、洋風掻き揚げ、どんどん焼、小鍋だて、小鰭《こはだ》の新子、ロースカツレツ、冷や奴。次々に繰り出される空腹の敵のなかで私にいちばん影響を与えたのは、チキンライスである。

幼少の頃、著者はトマトケチャップの匂いが苦手で、チキンライスが嫌いだったという。ところが、海軍に召集され、横須賀海兵団に入団する前、雪深い飛騨高山に遊び、娼妓たちに聞いて入った、メインメニューが一品しかない洋食屋で彼は改心する。食糧難でろくな食べ物がなかったことを差し引いても、このときの味は格別だったようだ。

ちなみに、店の名は「アルプス亭」。娼妓に千人針を縫ってもらい、いよいよ死にに行くという若者の味覚に一大転機をもたらした記念すべき場の響きとしてはやや間が抜けているようにも感じられるけれど、それもまた味わいのうちだと思いたい。（堀江）

『ダンディな食卓』

食へのちいさな葛藤、すなわちダンディズム

『ダンディな食卓』は二〇〇六年に文庫として出版されている。吉行淳之介の食にまつわる随筆を編みなおしたもので、短編小説が一編、加えられている。まるで品書きのように「魚介類」「鳥肉・天麩羅など」「ドリンク」「デザート」などと章分けされていて、読み手にはたいへんありがたい編集になっている。

この本の何がおもしろいって、すべて「食にまつわる随筆」であるのに、肝心の食の話がまったく出てこないところである。作家自身が、「この随筆は味覚について語っているわけでもないのに、タイトルは食べ物の固有名詞に統一することにしている。」と、『うどん』と題された随筆のなかで書いている。つまり食について書かないことは、最初から意図されているのである。

吉行淳之介について何か語れるほど、私はこの作家の小説を読み尽くしてはいない。いくつかの小説を読んで、好き嫌いとは別に、何かとらえどころのない作家だなあ、という感想を強く持ったことがあるだけである。そのとらえどころのなさは、この随筆にもある。何しろ、『泥鰌《どじょう》』『河豚《ふぐ》』『うどん』『天麩羅』などといったタイトルなのに、そこでそれらについては語られていない、というのが、なんともとらえどころがないではないか。

吉行淳之介｜著
角川春樹事務所　品切れ

角田光代

では何が語られているかといえば、その食べ物が想起させるあれこれである。幼少期のことを思い出し、友人作家たちの奇行を描き、猥談に及び、かと思うと、すっかり贅沢に慣れた時代を嘆く、といったふうに、筆は自在に、軽々と飛ぶ。そうしてその自在のなかに、私はこの作家の、食に関するちいさな葛藤を、勝手に見た気がしている。

戦前の日本には、「食べ物について男が何か意見するなどみっともない」という考えが、けっこう根強く浸透していた。そして戦中、戦後には、意見を言う以前に、食べ物自体が圧倒的になかった。この作家は、戦前の男の美学と、戦後の食糧難とを内に抱えたままものを書き続けたように思う。そのうち戦後は遠のき、世のなかは急速にゆたかになり、かつて「贅沢は敵だ」という標語を見、「ぜいたくをしないと、人間、貧乏たらしくなる」と友と言い合ったこの作家は、贅沢も覚え、食に対する美学をも学んだのだろう。この随筆のなかで彼は、「男の場合味が分からなくてはまともな文章は書けないし、女の場合にはセックスが粗悪である」という名言すら残している。

けれど、自分は食通なんかではないとこの作家は言い続ける。食べ物について云々言うのなんてやっぱり野暮だ、しかし自身の学んだ食美学については書かずにはいられない……そんな葛藤が、この随筆にはあるように思え、そしてその葛藤こそが、この人のダンディズムのように感じられるのである。

食をお題目にしながら、食について書かない。これは素直に食について書くより、よほど難しい芸当である。ダンディズムをやせ我慢と意訳するのならば、たしかに、これ以上ないほどダンディな一冊である。

『殺し屋』

空腹は満たさなければならない

殺し屋という職業がほんとうに存在するのかどうか私は知らないし、知りたいとも思わない。ひとの命が大量に奪われる愚かな戦がいまだにつづいているこの世界では、依頼を受けて訳ありの人々を始末していく仕事のほうが、むしろ現実味を欠いた夢物語のように見える。そこには、血の臭いも叫び声もない。彼らにとって、ひとを殺《あや》めることは、日々の生活を支えるための手段であり、その意味ではじつに重いものなのだが、重さを支えるはずの身体全体から漂ってくる空気の軽さは抽象的ですらある。

ローレンス・ブロックの『殺し屋』に登場するジョン・ポール・ケラーにまとわりついているのも、そのように矛盾した空気だ。与えられた仕事は完璧にこなす。さまざまな町へ偽名で出かけていき、標的の置かれている立場や周囲の状況を考慮しつつ、適宜手段を変える。針金、拳銃、薬、包丁、あるいは自らの手。場合によっては、相手に接触して親しく言葉を交わすことさえある。偶然その周辺にいる人物と知り合って、さらなる偶然を引き寄せたりもする。

興味深いのは、生粋のニューヨーカーでありながら、ケラーが田舎暮らしを夢見ていることだろうか。殺しのために出かけた小さな町に住んでみたいと、本気で考えるようなところもあって、精神分析医にかかりもするし、犬も飼う。女性ともつきあう。つまり、生活がある。当

ローレンス・ブロック｜著
田口俊樹｜訳
二見文庫　790円＋税

堀江敏幸

然、仕事の前後に食事もする。どんなに陰惨な光景が目の前に広がろうとも、空腹は満たさなければならないのだ。

　ローレンス・ブロックには、おなじくニューヨークで暮らしている私立探偵マット・スカダーのシリーズがあって、こちらはひとを脅したり殺したりする輩《やから》に待ったをかける仕事をしているのだが、生活を成り立たせている空気の質は、なぜか敵対するはずの殺し屋のそれとよく似ている。ただし、食に関しては、ケラーのほうがずっと淡泊だ。メキシコ料理をおいしそうに食べる場面もあるけれど、基本的にはただ空腹を満たすためだけで、味は二の次である。「日曜日、ケラーはモーテルの部屋で、テレビのスポーツ番組を見て過ごした。メキシコ料理店は閉まっていたので、〈ウェンディーズ〉で昼食を食べ、〈ピザ・ハット〉で夕食を食べた」「その日の朝食は軽く――ドーナツふたつにコーヒー一杯――昼食は食べそびれていた」

　紋切り型と言えば、紋切り型だろう。殺し屋は、どこにでもあるようなものを、どこにでもあるからという理由で口にする。しかし、極端にありふれたそのピザやドーナツは、死と死のあいだにあっていかにも切なく、だからこそとんでもなくうまそうに見える。ひとは葬式のあとでも腹が減るのだ。ヒットマンだって、空腹を覚える。ケラーは淡々と食べつづけるのだが、食べるという行為の残酷さと悲しさを、この小説はなんでもない顔をして教えてくれる。(堀江)

『クレープ』『乳房』所収

クレープの、べたついた甘さと広がる苦さ

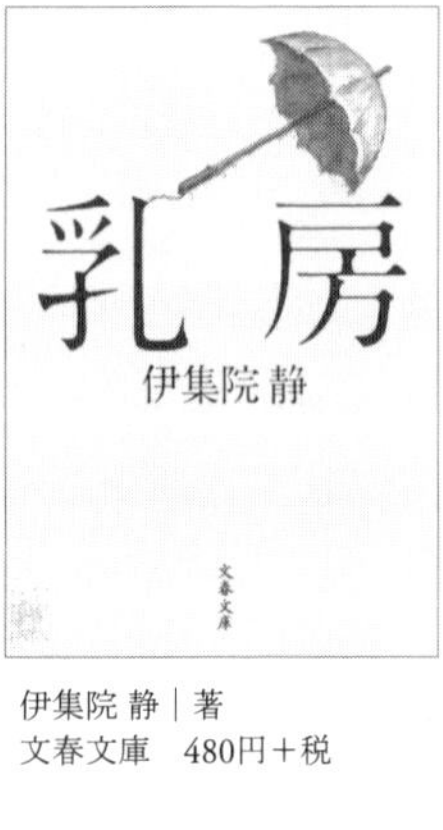

伊集院 静｜著
文春文庫　480円＋税

小説には、じつにさまざまな食べものが登場する。読みながら、なんておいしそうなんだ、と思うこともあるし、何も思わず読み飛ばしてしまうこともある。そしてときおり、その小説に登場する食べものが、異様な存在感で居座っている場合もある。たとえば、伊集院静の短編集『乳房』に収録されている、『クレープ』である。

女にだらしのない離婚歴のある男が、別れた妻から連絡を受ける。娘が高校受験に合格したという。そのお祝いに、娘は父親に会いたがっていると言う。そこで、この男は、彼女と待ち合わせをするためのレストランを下見にいく。若い女の子はクレープが好きだと耳にしていたから、予習のようなつもりで、自身、クレープを頼む。ところが甘すぎて食べられない。二口でフォークを投げ出したいような気分になる。

そして実際、この店で娘と父親は待ち合わせる。話はまったく噛み合わない。この店はクレープがおいしいのだと、練習したせりふを父親はなかなか言えない。

クレープの、あの甘ったるい味が想起され、小説が進むにつれて、それがざらざらと苦く舌に残る。中年男とクレープというのは滑稽な組み合わせだが、この、高校に入学したばかりの娘と父親も、滑稽なほどちぐはぐなままだ。おかしいのに、それもだんだん、苦いようなかな

角田光代

しみに変わってくる。娘の問いかけに、うまく答えることのできない不器用な父親と、父親の問いかけを幾度も聞き逃す不器用な娘。他人でもなく、親子でもない、奇妙にかなしい関係が浮かび上がる。

クレープというのが、絶妙だなと読むたび思う。クレープというのは、どことなく軽薄な感じがする。その軽薄さがないと、だめなのだ。ショートケーキではだめだし、クレームブリュレでもだめ。父親になれなかった父親が、赤ん坊のときしか覚えていない娘に会うために試食するのは、クレープでなければならない。

父親は、救いを求めるように娘を連れて野球場に入る。ここでもまた二人は気まずい思いをするのだが、ここでも娘は父と同じく、救いを求めるようにキャンディーを差し出す。父親はそれを、がりがりと噛み砕く。この、ざらりとした砕かれる飴の甘さと触感が、クレープの、べたついた甘さと、その後に読者のなかで広がる苦さへとつながる。

味について微細に書かれているわけではない。けれど、その味や触感や香りが、せつないくらい読み手の内に広がる。

小説でしか得ることのできない、味の余韻というものがあるのだなと、私はこの短編小説を読んだときに思った。おいしいでも、おいしくないでもない。食べたい、というのとも違う。余韻、としか言えない何か。食べものを、こんなふうに味わわせることもできるのかと、読み返すたびいつも、小説の力を思い知る。(角田)

『食卓一期一会』

心をあたためる「ス」が入っていない言葉

文芸書の本文活字の色は、黒と決まっているわけではない。題名を挙げるのは控えるけれど、我が家の書棚にはダークブラウンの文字を使った詩集があるし、黒の用紙に銀の文字を刷り込んだ小文集もある。万年筆のインクを変えるだけで原稿用紙やノートの表情が一変するくらいだから、書籍の本文活字にもっとも標準的な黒以外のインクを選択するには、相当な覚悟が必要だろう。その色が作品世界をはじくようでは何にもならないし、途中で飽きたから黒に戻すというわけにもいかないのである。

長田弘の『食卓一期一会』を書店で手に取ったのは、大学院に進んだ年の秋のことだった。なにげなくページを開いて、驚いた。本文活字が紺色だったからだ。濃く、深みのある青。ちょうどその頃、黒インクを入れて愛用してきたパイロットの安価な万年筆がだめになったのを機に、細身のモンブランとブルーブラックのインクに乗り換えたばかりだったので、いっそう鮮明に記憶に残っている。ページの裏に刷られた文字が、活版の押しだけでなくインクの滲みのせいで透けて見えるような用紙が使われているところに、微妙な手書きの感触があった。一期一会にはしたくない。私は値段も確かめず、そのままレジに運んだ。

言葉は食材である。だれが、いつ口にして食べられると判断し、適切な調理法を発明したの

長田 弘｜著
晶文社　2300円＋税

私的読書録 22

堀江敏幸

か。私たちが実際に口にして、味わい、消化しえなければ、それはただのモノにとどまり、食材にはならない。言葉も、おなじだ。食材として受け入れられた言葉だけが、煮たり焼いたり漬けたりできる。と同時に、未知の言葉を果敢に食べてみて食材へと昇格させることこそ、ほんとうの料理だとも言えるだろう。料理のレシピは言葉のレシピにほかならず、だからこそ、現実に料理を作らなくてもレシピは読みものとして成立し、場合によっては、詩に近づく。そして、詩はそのまま生きるためのレシピにもなる。

食にまつわるさまざまな書物に触発された、六十六篇の詩。冒頭に「言葉のダシのとりかた」と題された作品が置かれているのは、その意味でじつに自然なことだ。

「かつおぶしじゃない。／まず言葉をえらぶ。／太くてよく乾いた言葉をえらぶ。」

おなじ言葉を仕入れても、扱い方ひとつで、ダシの質がまるでちがってくる。ダシが異なれば、できあがった一品の味もちがってくる。食材の選択、道具の使い方、生活の楽しみ方、すべてが言葉の風味を、インクのように変えていく。作り方だけではない。ここにはお茶の時間にふさわしい物語がちりばめられ、印象的な場面がたくみな包丁さばきで語り直される。ときに箴言《しんげん》も挟まれる。たとえば、ふろふき。

「自分の手で、自分の／一日をつかむ。／新鮮な一日をつかむんだ。スがはいっていない一日だ。／手にもってゆったりと重い／いい大根のような一日がいい。」

大根だけではない。寒い季節、心をあたためるために、スの入っていない言葉が欲しい。

（堀江）

『小僧の神様』

五感のすべてで覚えた小説の中の寿司の味

『小僧の神様』をはじめて読んだのは中学生のときだった。授業で読んだのである。

ほかの勉強はからきしできず、理解できないから授業も上の空だったが、国語だけは理解でき、授業中に堂々と（教科書に掲載されている）小説が読めるから、いつもまじめに受けていた。国語の授業の何がすばらしいって、机に座ったまま、小説世界にぽーんとトリップできるところである。国語の授業で読んだ小説の大半を、私は光景として覚えている。『走れメロス』のメロスが走った道も、『こころ』のKが自殺した部屋の様子も、実際に見た光景として覚えているのである。

『小僧の神様』は、光景という視覚ばかりでなく、におい、舌触り、味、音と、ほとんど五感のすべてで覚えている。寿司酢の、酸っぱいのにまるいようなにおい、寿司の、ネタが舌にのるように食べるときの、ひんやりした冷たさとつるりとしたなめらかさ、まぐろ寿司のねっとりした甘み、寿司屋の静けさと往来のにぎやかさ。ごく短い小説であり、書かれている言葉は非常に簡潔なのに、これだけ多くの感覚が総動員され、しかも真空パックのように、私の内に三十年近くも残っている。私はこの小説を幾度も読み返しているが、毎回毎回、はじめて読んだときの、教室で刺激された感覚が生々しくよみがえる。

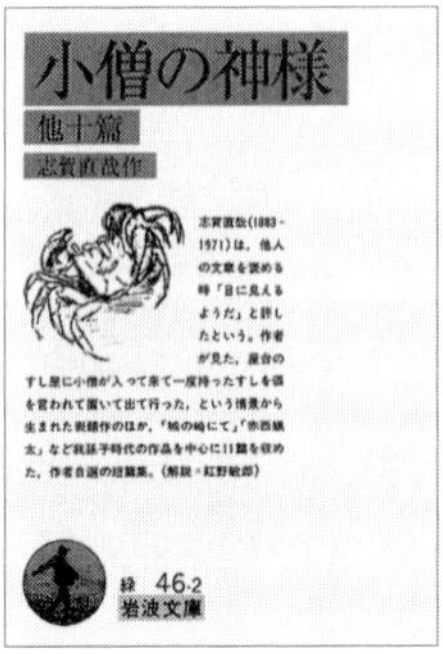

志賀直哉｜著
岩波文庫　600円＋税

角田光代

中学生の私は、仙吉が唾を飲みこむところでいっしょに唾を飲みこんだ。まぐろの寿司を、まるで食べたことがないかのように思い描き、そして仙吉が手にした寿司を戻すとき、飢えたような落胆を味わった。ああ、寿司、まぐろの寿司を思うまま食べたいと、中学生の私は陽のあたる教室で思った。まぐろの寿司は私にとって決してとくべつなものではなかったのだが、けれど小説に書かれたまぐろの寿司は、私が既知のものより、ずっとずっとおいしいように思えた。その寿司を食べたかった。つまるところ、私は仙吉に乗り移られていたのだ。志賀直哉の小説のすごいところは、こちらのあらゆる感覚をひっつかまえて、無理矢理小説内の人物と同一化させてしまうところだ。共感や感情移入なんて生やさしいものではない。もっと荒々しい、内的な近づきかたをする。結果、彼の小説は五感で記憶することになる。

今回もまた読み返してみて、あれ、と思うことがあった。においも味も、舌触りも音も、あざやかによみがえる。はじめて読んだときと同じ箇所で、正しく刺激される。しかし、私が鮮やかに覚えている光景は、この小説には書かれていなかった。

寿司屋の白い暖簾の、端が醤油で汚れている、という光景である。立ち食いの寿司屋から出る人が、指についた醤油を暖簾の隅でついと拭くから、そこだけ薄茶色く汚れているのだと、そんな記述があったように思ったのだが、そんなことは一言も書かれていなかった。暖簾の描写もなかった。そんな細部を書かずに見せてしまう、くっきりと記憶させてしまう。やっぱりすごい小説なのである。（角田）

『冬の花火』『太宰治全集8』所収

私の粕漬けの筋子と、あなたの卵焼きと金平牛蒡

ひと口に卵焼きといっても、育ってきた環境によって思い浮かべる姿形や色合い、そして味つけは、他のすべての家庭料理同様、さまざまである。同僚諸氏と仕出し弁当を食べたりしたときなんとなくそういう思い出話になることがあって、子どもの頃の卵焼きの味を尋ねると、ほんのりあまい、とてもあまい、塩っぽい、塩辛い、醤油味、無味などにわかれた。

無味の場合、ウスターソースをかけるのが前提だったという。あまいのはもちろん砂糖を入れるからだが、それがふつうの砂糖、グラニュー糖、三温糖にわかれて、三温糖派の色は少々黒ずんでいる。食感を含め、あとは火加減次第というところだろうか。時代によっては卵ひとつが贅沢品だったとしみじみ語る親族もまだまわりにいるけれど、「弁当の地誌」において、卵焼きはないとさみしい定番のおかずなのに、食べ終わってみるとひどく影の薄いものであったような気がしてくる。

そのためなのか、文学作品のなかで、卵焼きの登場する印象的な場面がなかなか思い浮かばない。少なくとも、ささやかな家庭の幸福、といった文脈では見当たらないのだ。こんなに単純な料理で、こんなにありふれたものなのに、明るい方向に連想が向いていかないのは、なぜなのだろう。

太宰 治｜著
ちくま文庫　1100円＋税

私的読書録　24

堀江敏幸

太宰治の『冬の花火』と題された三幕劇に、こんな一節がある。敗戦直後、東京から十年ぶりに子連れで故郷弘前の村に戻ってきた数枝に、ずっと忘れられなかったと、清蔵という男が迫る。数枝は、素っ気なくあしらうのだが、清蔵は、彼女が上京するのを見送ったときの記憶をよみがえらせて言い募る。

「私たちは浪岡の駅に着いて、まだ時間がかなりあったので、私たちは駅の待合室のベンチに腰掛けてお弁当をひらきました。その時、あなたのお弁当のおかずは卵焼きと金平牛蒡で、私の持ってきたお弁当のおかずは、筋子の粕漬けと、玉葱の煮たのでした。あなたは私の粕漬けの筋子を食べたいと言って、私に卵焼きと金平牛蒡をよこして、そうして私の筋子と玉葱の煮たのを、あなたが食べてしまいました」

要するに、ふたりのあいだにはお弁当のおかずをとりかえて食べられるくらいの親密さがあって、あなたは自分のことを少しは好きだったはずだ、というわけである。台詞のなかで何度も繰り返されるおかずの名。卵焼きは四つのうちのひとつに過ぎないけれど、この反復は涙ぐましさより、むしろ不穏な空気を醸しだす。影が薄いはずの卵焼きに、半熟のエロスと時限爆弾のような恐怖が宿る。ひとは、十年前の弁当の中身を、これほど鮮明に思い出せるものだろうか？

清蔵も、とりかえたおかずを食べる。卵焼きと、金平牛蒡だ。もうふたりはひとりだ。愛は交換され、確認されたに等しい。このときの卵焼きは、どんな形で、どんな色で、どんな味だったのだろうか。もちろん、知る術はない。清蔵の、下心ありげな訴えをひとしきり聞いたあと、数枝は言う。

「忘れちゃったわ」

#『斜陽』

この小説の食べものはなんだかまずくて、冷たそう

太宰 治｜著
角川文庫　324円＋税

男の人の書く小説には、料理の詳細があまり出てこない。最近でこそ、料理を作っている場面や並んだ料理の内訳を書く男の作家は増えたけれど、それだって書かない人のほうがまだ多いように思う。もちろん、登場人物がその場面で食べているのが中華なのかイタリア料理なのか総菜なのか、小説の筋とはまったく関係がない。あまりに仔細に書かれると、何か意味があるのかと思ってしまうこともある。けれど料理の好きな私は、ときおり「今この人が食べているのは何⁉　頼むからメニュウを教えてーっ」というような気持ちになる。

昭和の初期ごろまで、男性作家の小説に、料理の詳細はほとんど書かれていないのではないか。外食風景は描かれているし、随筆は多いが、たとえば家の食事風景で、献立は何だとか、だれがどのように作ったかとか、そんなことはあんまり書かれていない。もっとも私の読書が偏っていて、私の知らないところではそういう小説はたくさんあるのかもしれないけれど。

太宰治は、思春期のころまんまとはまって読み、二十歳過ぎに食傷気味になって離れ、三十を過ぎてまた読み返すようになった、好きか嫌いかといえばたいへんに好きな作家だが、この好きな作家の著作を思い返してみて、食べものが印象的なものはあんまりない。そもそもこの作家と、湯気の出るような家庭的な料理は似合わないようにも思う。

私的読書録　25

角田光代

太宰治の小説に出てくる食べもので、いちばん印象的なのは『斜陽』の、おむすびである。と思って読み返したところ、おむすびを食べる場面はほとんど書かれていなかった。冒頭で、貴族の母親の「おむすびが、どうしておいしいのだか、知っていますか。あれはね、人間の指で握りしめて作るからですよ」というせりふがあり、続けて、娘かず子の作ったお海苔つきのおむすびを手でつまんで食べる場面がある。食欲のないかず子は、おむすびを箸でぐちゃぐちゃに壊し、ほんの一口、食べるきりである。

読み返してみれば、この小説に出てくる食べものはぜんぶまずそうだ。本物の貴族である「おかあさま」が美しく飲むスウプも、かず子が弟直次のために用意する焼きりんごも、病床の母親がすする粥《かゆ》も、ちっともおいしそうではない。そして湯気がたっている気がしない。そんななかで、「人間の指で握りしめて作る」おむすび、という箇所だけが、やけに魅惑的に響くのである。だからきっと強く記憶に残ったのだろう。まずそうな冷めたような料理ばかりのなかで、人間的なあたたかみに満ちた白くつややかなおむすびが。

小説の後半で、どうしようもないダメ男、上原に恋をしたかず子が、飲み屋に彼を訪ねていき、酔っぱらいの奇妙な歌を聴きながら、おかみさんに勧められてうどんを食べる場面がある。「おうどんの湯気に顔をつっ込み」、うどんをすするかず子は思う。「いまこそ生きている事の侘びしさの、極限を味わっているような気がした」。生きることを謳歌しなかった作家は、食べることのよろこびをも書かなかった。

『ロシア文学の食卓』

ビーツが入らないボルシチは、餅なしの雑煮のようなもの

学生の頃、あるひとに連れられてはじめてロシア料理店に入ったとき、ボルシチを注文した。以前、無国籍料理を出すあやしげな大衆食堂で本場のボルシチと称するものを食べたことがあって、具体的な味を思い浮かべることができたのは、それだけだったのである。ところが、うやうやしく給仕された現物を見てたじろいだ。色がちがう。この紫がかった深みのある赤が本物だとしたら、薄暗い地下の店で食べた、あの真っ赤なスープは、いったいなんだったのか。

告白すると、私はあやしげな方を、とてもおいしく食べたのである。それどころか、自分でもできそうだと、レシピも調べないままだいたいの見当をつけて近所のスーパーで材料を仕入れ、暇にあかせてつくったこともある。豚バラ肉、クノールだったかのビーフコンソメ、特売のトマト缶、キャベツ、玉葱、ニンニク、それから、奮発して買った賞味期限間近のサワークリーム。冬に仕入れた煮物用のベイ・リーフの余りも入れる。季節柄トマトは安かったはずだが、濃厚な赤は缶詰でしか出ないと思って、生ではなく、わざわざ缶を選んだ。

あとは適当である。気合いを入れたのは灰汁をすくうときだけで、ただひたすら煮た。優に二日分はあった。なんの工夫もないし、肉の質だって最下等だったけれど、味はそこそこよかった。大根とか蕪とか、季節に応じて余りものの野菜をどんどん入れてしまえば栄養にもなる

沼野恭子｜著
NHKブックス　1160円＋税

私的読書録　26

堀江敏幸

し、冷蔵庫もきれいになる。ところが、本物のロシア料理を出すというその店のボルシナは、ひと目見ただけで別物だとわかった。独特の甘みとコクがあって、飲み込んだあと、喉もとにそれがじんわり残る。まじめにレシピを調べてみて、味と色の秘密がビーツなる根菜にあると教えられた。常識を知らなかったのだ。

沼野恭子の『ロシア文学の食卓』に、イリヤ・イリフ、エブゲーニイ・ペトロフという二人組の作家の、長篇ミステリが紹介されている。題して『十二の椅子』（一九二七年）。そこにウクライナ風ボルシチが登場する。ウクライナはボルシチ発祥の地で、「牛肉、ビーツ、ニンジン、根セロリ、ジャガイモ、トマト、ニンニク、ラードなど」を用いるこのレシピは、基本中の基本だと言っていい。

ボルシチには地方色があって、具もさまざまだというから、そこまでは我流でもよかったわけだ。しかし著者はきっぱりと書いている。「でも、ボルシチにはこれだけはなくてはならないという食材がある。それがビーツである。だから、ビーツの入っていないボルシチがあったら、それは餅の入っていない雑煮のようなものだ。」

要するに、私は餅なしの雑煮をつくっていたのだった。その後、スーパーに入るたびにビーツを探した。でも、当時は、生ビーツはもちろん、缶詰も見つけられなかった。それがいまや簡単に手に入るのだ。嬉しい反面、なんだか悔しくもある。（堀江）

『武器よさらば』

人が極限にあるときの、飲食という、生のきらめき

小説のなかで主人公が食事をする。非常によくあるシーンである。でも、忘れられない食事シーンとなると、そうはない。料理している姿が印象的だったり、記述された味が印象的だったり、ということはあるが、食べる、その行為だけが印象に残るというのは、私が思い出すかぎりあんまりない。食べるシーンがもっとも印象的な小説は何かと考えて、私が即座に思い浮かべるのはヘミングウェイの『武器よさらば』だ。

私が忘れられない食事光景は、ふたつある。

ひとつは、第一次世界大戦の北イタリア戦線にかり出された主人公フレデリック・ヘンリーが、まさに敵からの攻撃が開始されたとき、塹壕のなかでとる食事。このときの食事内容は、マカロニとチーズ、それからワイン。フォークがなく、手づかみで食べる。

もうひとつは、ラスト、フレデリックとともにスイスへ逃亡したキャサリンが出産のため入院、彼女に付き添っているフレデリックがとる食事である。この日、彼は朝、昼、夜と同じ店で食事をする。病院から一番近いカフェだ。

双方において、フレデリックはただ、機械的に食べている。私が不思議に思うのは、それなのに、ここで描かれる料理はずいぶんとおいしそうだ、ということ。口いっぱいにほおばるマ

ヘミングウェイ｜著
高見 浩｜訳
新潮文庫　750円＋税

角田光代

カロニ、そのあとで囓《かじ》るチーズ。ワインは「錆びた金属のような味」がすると書かれているのに、それすらもおいしそうである。そして後者。朝はブリオッシュ、昼はシュークルート、夜はハム・エッグ。やっぱりこれも、おいしいに違いないものとして記憶に残る。そうした上で、読み手には、それを食べるフレデリックにはなんの味もしないだろう、ということがわかる。

　戦場での食事も、病院わきでの食事も、人が極限にあるときのものだ。次の瞬間死ぬかもしれないとわかっていても、人は何かを食べる。最愛の人が今死ぬかもしれないと思っても、やっぱり人は食べる。どんなときにおいても腹は減り、腹が減れば私たちは食べるのだ。

　このふたつのシーンも、ほかの場面と同様にいっさいの心理描写が書かれておらず、だからよけい強烈に記憶に残るのだと思う。ただ食べる、その姿を読むだけで、せつなさも不気味さも、たのもしさもおそろしさも、不条理さも自由さも、相容れないそうしたものがまったく矛盾せず、伝わってくる。

　この小説には、そのふたつのシーンだけではなく、飲み食いする場面は非常に多い。とくに酒は多彩。シャンパン、ワイン、ビール、ベルモット。この小説は、どうあっても私たちが運命に抗えないことを突きつけるけれど、でも、悲劇へとゆるやかに向かう主人公たちの運命のなかに、この作家は生のきらめきをちりばめる。酒や食べもの名が思いの外細かく書かれ、しかもそれが魅惑的に思えるのは、飲食もまた、そのきらめきのささやかな一部だと、この大酒飲みの作家は考えていたからではなかろうか。（角田）

『裏切りの銃弾　刑事エイブ・リーバーマン』

チャイヴのはいったクリームチーズ、ベーグル的真理

我が家のホームベーカリーについてきたレシピ集の《生地づくり》の項目には、最近よく目にするようになったベーグルも載っているのだが、材料は水、強力粉、砂糖、塩、サラダオイル、ドライイーストとなっていて、まるめて発酵させたあと、お湯で茹でてからオーブンで焼くよう指示されている。世に出回っているレシピを見るかぎり、これはおそらく最も原始的なもので、さらに手を加えるとしたら、お湯に蜂蜜を入れるくらいのものだろう。

一九九〇年代のはじめ、パリに留学していた頃、私はロジエ街という、東欧系のユダヤ人街にしばしば通った。豆のコロッケとでも呼ぶべきか、ファラフエルという揚げものをはさんだサンドイッチや酸味のある黒パン、そして巨大なピクルスを買うためである。この区域のパン屋にはもちろんベーグルもあって、ドーナツみたいな穴のある愛らしい丸顔が、大きなバットにずらりとならんでいた。食べてみると、もっちりして、ほのかにあまい。腹持ちもよかったし、相当においしかったのだが、残念ながらベーグルをとくに好むまでには到らなかった。もっと安く、もっとボリュームのあるパンが、パリにはたくさんあったからである。

しかし、書物のなかでは、読者としてよくベーグルにつきあっていた。ことにアメリカを舞台とするミステリにはユダヤ系移民を主人公にした作品が少なくないので、さまざまなユダヤ

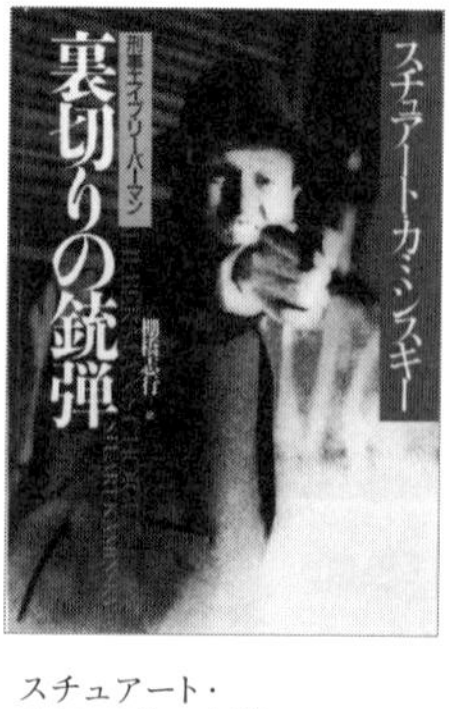
スチュアート・カミンスキー
裏切りの銃弾
刑事エイブ・リーバーマン
棚橋志行 訳

スチュアート・カミンスキー｜著
棚橋志行｜訳
扶桑社ミステリー文庫　619円＋税

私的読書録　28

堀江敏幸

料理が登場し、そのなかに当然ベーグルも入っているからだ。

たとえば、老刑事エイブラハム・リーバーマンが活躍するスチュアート・カミンスキーの小説群。シリーズ第三作の『裏切りの銃弾』では、生化学者をしているリーバーマンの娘リサが、古典学者の夫とうまくいかなくなり、ふたりの子を連れて実家に帰っている。そして、厄介な事件を片付けるために出て行こうとしている父親と微妙な会話をかわす。落ち込んで食べてばかりいるから、そのうち叔母さんのように太ってしまうと不安になりながらも冷蔵庫を物色して、「ベーグルのはいった透明の袋」に手を伸ばす娘を見て、父親は、「二段目の奥に、チャイヴのはいったクリームチーズがある」と声をかける。

冷蔵庫にあったベーグルは、リーバーマンが「メイシュの店」から持ってきたもので、ケシの実が入っている。彼女はそれを薄く切り、言われたとおりチャイヴ入りのクリームチーズを塗る。なぜかわからないけれど、冒頭部分に登場するこの箇所を読みながら、これはチャイヴが決め手だ、し私は思った。他のいかなる香草でもだめで、リサの鬱々として、自信ありげでなさそうで、無意識に父親を求めている複雑な心情を表現するには、どうしてもチャイヴでなければならない。さらりと書かれているように見えるけれど、この場面には、フィリングにも心の動きを反映させる、ベーグル的真理とでも呼ぶべきなにかが含まれている気がしてならない。

『メヌード』『象／滝への新しい小径』所収

描かないで読ませる、食べさせないで味わわせる

　レイモンド・カーヴァーはホームカントリーであるアメリカやほかの英語圏でよりも、日本での人気が圧倒的にある作家だと思う。ごくふつうに読書好きの欧米人はまったくといっていいほど、カーヴァーを知らない。なぜ日本でこんなに人気があるのか？　村上春樹が訳者だからという理由も大いにあるだろうけれど、それに加え、この作家が描かないことで抽出する余韻が、すごく日本的なのだと思う。そうなのだ、カーヴァーは描かないことで、読ませる。『メヌード』という短編小説がある。これはまさに、描かないで読ませるというか、食べさせないことで途方もなく深い余韻を与える一編だ。

　語り手の「僕」は途方に暮れている。べつの女性と関係を持って最初の妻と別れ、その女性と暮らしているのに、向かいの家の奥さん、アマンダとまたしても関係を持ってしまう。アマンダの夫は最後通牒を突きつけて出ていき、「僕」は同棲している相手に別れを切り出して殴られ、そして眠れない。うまくいかなかった最初の結婚と、おかしくなった元妻のこと、死んだ母のこと、今の「よれてる」地点にくるまでの、うまくいかなかったさまざまなことに思いを馳せる。ランダムに引き出される記憶のひとつに、メヌードという料理に関するエピソードがある。

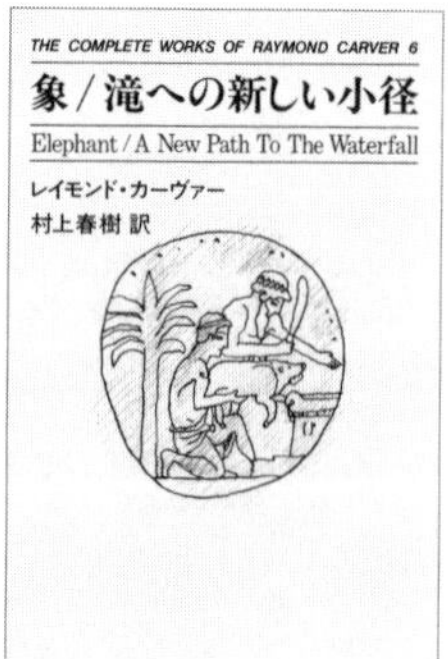

レイモンド・カーヴァー｜著
村上春樹｜訳
中央公論新社　3400円＋税

私的読書録 29

角田光代

友人たちと酒を飲んでいるとき、発作のようにふるえはじめた彼のために、友人がメヌードという料理を作ってくれる。しかし、彼は寝てしまってそれを食べ損ねる。「たぶんこのままメヌードの味も知らずに死ぬことになるだろう」と彼はつぶやく。

最初読んだとき、牛の胃やチョリソや玉葱やトマトやレモン・ジュースをどばどば入れていくその料理がまったく想像できず、不気味なものにしか思えなかった。けれど数度読み返していると、だんだんその味が想像できるようになる。異国の田舎町で、ずっと昔の母から母へと教え継がれてきた、洒落てもいないしスマートでもない骨太の味。「僕」が今いる位置とは対極にあるような、地に足の着いた味。でもそれを、眠りこんだ彼は食べられない。

この短い小説は「僕」をどこにも行き着かせずに終わる。他の作品と同じく、深い余韻のなかに読み手は置いていかれる。彼が食べ損ねた料理の、それぞれ思い浮かべる味とともに。

ところで、この文章を書いていてはたと気づいたことがある。二年前メキシコを旅したとき、私はあるものをどうしても食べたくて、ガイドブックに記されたアルファベットをノートに書いて、いく食堂いく食堂でそれを見せていた。けれどどの食堂でも作っていなかったり、あるいは週末しか出していないと言われたりで、三週間の旅で一度も食べることがかなわなかった。もしかして、と思い立ち、そのときの旅ノートを開いたら、なんてことだろう、MENUDEと書いてあるではないか。メヌード、私も食べ損ねたのだ。一生のうち、食べることがあるだろうか。まったく個人的な意味で、忘れられない小説、忘れられない料理名になってしまった。（角田）

『辺境の食卓』

六月と七月にまたがる雨期こそ、ジャムの月

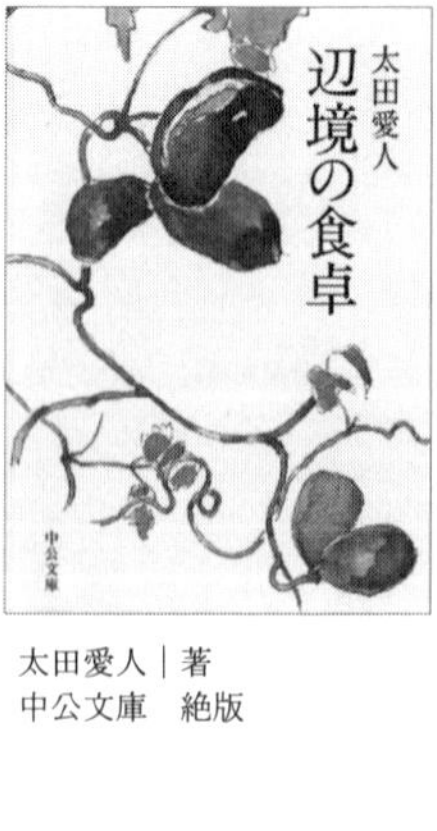

太田愛人｜著
中公文庫　絶版

『広辞苑』第六版によれば、「辺境」とは「中央から遠く離れた国ざかい。また、その地。辺界」の意である。物事はつねに相対的なものだから、中央をどこに置くかによって辺界も変わってしまうのだが、目視できる国境線を持たない島国であっても「国ざかい」はたしかに存在しており、それが首都から遠く離れていれば辺境と呼んでもおかしくはない。たとえば長野県の信濃大町や柏原のあたりは「信州の北限」で、「新潟や富山に境を接し、もう新雪をうけた妙高、戸隠、黒姫の山々や、白馬岳、鹿島槍、燕岳など北アルプスの峰々を庭や書斎から近くに眺められる」という、立派な辺境である。

日本キリスト教団の牧師としてこの「辺境」で伝道活動に携わりながら、地場で採れる果樹や山菜、山鳥や川魚など、土にまみれ本来の匂いに満ちた食材をつかって、土地の文化や気候にあわせた食生活を楽しみ、その日々の模様を信者たちへの通信に書き綴った太田愛人の『辺境の食卓』は、聖書の中の荒れ果てた辺境のイメージや、言葉そのものにまつわる負の響きをあっけらかんと覆す、ほとんど「豊かな辺境」としかいいようのない世界を提示してくれる名著だ。

なにしろ牧師そのひとが食道楽なのである。季節の流れを無視して生産される食べものを遠

堀江敏幸

ざけ、自然の食材を手間暇かけて調理し、食することを心からたのしみ、満腹さえ避ければそれはけっして罪ではないと明るく言い放つ。ただしこの明るさの底には、「文化と便利の名においてひ弱になって、舌先三寸が発達する過密都市の思考は、もう限界が見えている」と憂える使徒の眼が光る。

一九七〇年代。情報も流通も、まだ現在のようには整備されていない頃だ。本書で最も魅力的なのは、だから地元の人間に尋ねればコツがわかる山菜や川魚の食し方ではなく、西欧からやってきた牧師たちには必需品だったであろう、稀少な手作りのジャムをめぐる逸話だ。「六月と七月にまたがる雨期こそわがジャムの月」だという太田牧師は、窓を閉め切ってジャムを煮る。家中にただよう香りを堪能するためだ。ラズベリー、アンズ、ユスラウメ、スグリ、グミ、クワ。霧深い日々のなか、時を経るごとに変化していく果実の力を、視覚から嗅覚に移す。

彼の自慢は、ルバーブだ。軽井沢に入った宣教師たちの手で広められた故国の味。太田牧師は庭に植えたルバーブを根元から刈り取って、六月になるとひたすらジャム作りにはげみ、消化を促進し、快便を保証し、ニキビにもよいという魔法のごとき効能を宣伝しながら知人たちに原価で分ける。しかしひと様のことはさておいて、ほんとうは自分が食べたくてしかたないのである。「英国育ちのカーチス夫人は五時の紅茶時に、カスタードチーズをかけて菓子にもなることを伝授してくれた」と、牧師の筆はいかにも嬉しそうだ。

今年、我が家ではすでに梅とアンズのジャムを作り終えた。あとは師の教えにしたがって、信州産のルバーブを煮るだけである。（堀江）

『長くつ下のピッピ』

食べものが連れていく、遠い「どこか」

世界はどうやら私がいる「ここ」だけではないらしいと、子どもが知るのは、本によってだと私は信じている。自分がそうだった。どの話が日本のものでどの物語が翻訳物かなどという区別は、あまりに幼くてできず、またそうした違いに興味もなかったのだが、でも、未知なるものを突きつけてくるのは今思えばみな、海外からやってきた物語だった。

そうして私にもっともその世界を「未知」だと感じさせるのは、いつだって食べものなのだった。

たとえば『長くつ下のピッピ』。私はこの破天荒な女の子の大ファンだった。この本にはたくさんの国の名前が出てくるが、けれどそれは、子どもの私の世界を広げることはしなかった。ごたごた荘にひとりで帰ってきたピッピは、友だちになったトミーとアンニカにパンケーキを焼く。パンケーキはかろうじてわかる。けれど次にピッピが作る「しょうが入りクッキー」は、もうだめ。想像できない。クッキーにしょうが？　クッキーはお菓子で、しょうがはおかず味だろうに。でも、それはピッピが変わった女の子だから作るのではない、しょうが入りクッキーというものをごくふつうに食べる人たちが、どこかにいるに違いないと、幼いなりにわかる。

アストリッド・リンドグレーン｜著
大塚勇三｜訳
岩波少年文庫　680円＋税

私的読書録 31

角田光代

型破りで愉快なピッピのあとを追いかけるように読み進めていくと、忘れたころに知らない食べものが登場する。まるい味つけパン。つめたい焼肉。ブタの丸やき。訳者の人は、子どもにも想像できるように、わかりやすく訳してくれているのだと思う。でも子どもの私は本能的に「まるい味つけパン」が、ただの丸い味のついたパンではないことを悟り、つめたい焼肉が単に冷えた焼肉ではないと悟る。そうして、たぶん「ここ」にいる私が食べつけているのではないものを、日常的に食べる人々がいることを、頭ではなくて感覚で、知るのである。

大人には気に入られないことばっかりをする、すばらしく自由な女の子は、日々食べるものが違うとはいえ、子どもの私の大の仲良しだった。私はトミーとアンニカに負けないくらいピッピが好きだったし、ピッピが私を好きでいてくれることも、わかっていた。遠いところに住んでいるのに、現実の友だちくらいいつも近くにいた。

八年くらい前、仕事でスウェーデンにいった。中心街にある巨大な公園で、ブックフェアが行われていた。自由時間、私はブックフェア会場をうろついていたのだが、なんとピッピがいたのである。大人の仮装だったのだが、でも、左右にはねたお下げ髪、色違いの靴下を見たとたん「あっ、ピッピ！」とすぐにわかった。宣伝のためフェア会場をうろついているらしい大きなピッピに、思わずついていきそうになった。そうして私はこのときようやく知ったのだ、ピッピはスウェーデンの物語だったのか。遠い「どこか」は、ここだったのか。ピッピも幼い私も、パスポートも持たず、国境も越えず、それがどこかなんて知らずに自由に行き来していたんだなあと、なんだか羨ましく思った。

『アップルパイの午後』『ちくま日本文学004 尾崎翠』所収

何て惜しいことをするんです。甘いほど好いんだ

舞台設定は、簡素きわまりない。日曜日の午後、兄が机で雑誌を読み、向かいで妹が書きものをしている。とつぜん、兄が読んでいた雑誌を投げ出し、手をのばして妹の頭を叩く。なぜ叩いたのか、その理由をめぐって、二人の対話がつづく。それだけの話だ。癇癪《かんしゃく》を引き出したのは校友会雑誌に載った妹の作品なのだが、そこには彼が思いを寄せている雪子という、友人の妹の文章も掲載されていた。

「夜露に濡れた足があつて——四本よ——、足のぐるりにはこほろぎの媾曳《あいびき》があつて、こほろぎの上に二つが一つに続いてしまつた肩が落ちてて——月光の妖術で上品な引きのばしよ——、遠景の丘に文化村のだんだんになつた灯があつて、その一ばん高いのは月光の抱擁に溶けこんでゐて、低いのは夜露に接吻してゐるの。それで、四本の足は月光の溜息なのよ」

ほとんど異星人の言語感覚といってもいい蠱惑的《こわくてき》な言葉の連なりである。雪子の文章を妹が解説しながら語り直しているという設定ではあるけれど、こんな言葉を吐き出しているのは、作者の尾崎翠自身だ。一九二九年、すなわち昭和四年に発表された戯曲形式の小品『アップルパイの午後』は、新感覚派と名付けられた作家たちをみな鍋に投げ入れ、時間をかけてグラニュー糖で煮詰めたっておそらくこれほどの味は出てこないと思われるくらいの、甘くて洒落た

尾崎 翠｜著
ちくま文庫　880円＋税

私的読書録 32

堀江敏幸

一篇である。

妹は、大学入学と同時に上京して、兄のもとに転がり込んで来た。先の雑誌のなかで彼女は、兄を「唐辛子のはいつたソオダ水のやうな男」だと揶揄《やゆ》し、雪子の文章に即して、その男は月下の夜、お揃いで歩くと「お砂糖のすぎたチヨコレエト」になつて、『熟れすぎた杏子畑の匂ひの溜息』を吐く、と書いていた。兄のことを度しがたく愚鈍なロマンチストだと思っているのだ。

「いつたい女が三週間に一度づつ床屋に通ひだしたらおしまひだよ」と難ずる兄に、二十歳をすぎても化粧っ気がなく、哲学書を読んでいるモダンガールの妹は真っ向から抗う。しかし兄は、いま妹が書いているものが恋文であり、友人である雪子の兄の松村と、四本の足をからめてもいるらしいことを見抜けずにいる。

兄は雪子に結婚を申し込んでいた。そこに松村が回答を持ってやってきたのである。アップルパイを手土産に。濃いお茶でこれを食べるのが、松村と彼の友人の妹の好みなのだ。兄が退席したあと、彼女はお茶を入れようとする。お茶が濃いほどあなたはやさしくなるから、と。しかし松村は、お茶はいらない、お茶に酔うと「またお口を拝借したくなる」からなどとのたまう。欲しいのは、アップルパイを食べたあとの唇だけなのだ。ついハンカチで口元を拭いてしまった彼女に、作者から与えられた「性急に」、というこのうえなくすばらしいト書きに力を得て、彼は言う。

「そのまま。何て惜しいことをするんです。甘いほど好いんだ」

堀江

『ジョゼと虎と魚たち』

他家のにおいと、人の作る料理

なんということか、田辺聖子作品を今まで読んだことがなかった。十代で出合うべきだったのに出合わず、そのまま二十代になり、読んでみたいなと思うが、今度は手が出なくなる。今さら？　という気もするし、また、作品数が膨大なので、どれから読んでいいのかわからない。

先だって、電車に乗るのに本を忘れ、あわてて駅ビルの本屋に入った。出版社のフェアをやっていて、田辺聖子作品が数冊並んでいる。急いでいたのでいちばん手前の一冊を手にして、レジに向かった。『ジョゼと虎と魚たち』という短編集である。今まで読んだ、どんな小説とも不思議に違う。どこかで読んだ気がするくらい、私たちに近しい言葉が紡がれているのに、だれとも何にも似ていない。

読後、どうして今まで読まなかったのだろう、というのが最初の感想。いや、若き日に読まなくてよかった、というのが次に湧き出た感想である。なぜに今まで読まなくてよかったと思ったのか。この作家がさらりと書く、男女関係における未知の領分に私はまず驚いた。そうしてその「未知」が未知だと中年にさしかかった今だからわかるのであり、その妙味を味わえるのも今だからなのだと思う。もし若いときに読んでいたら、ここに描かれる「未知」は、私をこわがらせただろう。もしかしたら不快にしたかもしれず、もしかしたら過度な夢を見せたか

田辺聖子｜著
角川文庫　480円＋税

私的読書録 33

角田光代

もしれない。どちらにしても、未知なる味を存分に堪能できなかったと思うのだ。

収められた短編には、食べものがよく登場する。ほとんどがだれでも知っている家庭料理だ。『うすうす知ってた』の香織が妹の婚約者に作るのは、かに玉や鮎の塩焼き、南瓜のスープ。『それだけのこと』の香織が作る弁当の、肉団子、鶏肉のつくね、野菜のうま煮にサラダ。『いけどられて』の梨枝が、別れる夫に作ってやる弁当には、ミートボールのふくめ煮、酢蓮、夫の好物の卵焼きが入っている。『男たちはマフィンが嫌い』のミミが、若い志門に作るのは、「ニンニクと生姜をすりおろしたものに、どっさりのあさつきと紅葉おろしで食べる、さっぱりしたなまのイワシ」、イワシの天ぷら、塩焼き、蕗ごはん。

夕食に招かれて、人の作る料理にしみじみと驚くことがある。知っている料理でも、必ず知らない味がする。他人の家の玄関を開けたときに、ふっと鼻をかすめる知らないにおい、それと同じものが、他人の作る料理にはある。この短編集に出てくる料理はどれも、それと同じで、よく知っているし自分で作りもするのに、知らない味がする。それはまったく、私の感じた「未知の領分」とまるきり同じで、驚いてしまう。恋愛の高揚を、終焉を、あるいは孤独を、幸福を、作品の彼女たちが引き受けると、こんな未知の味つけがなされるのか……。自身が彼女たちと同性であることが、疎ましいような、頼もしいような、何やら複雑な気持ちになる。「ねえこれ、作り方を教えて」と、友人宅で思わず言ってしまうような、未知の味覚が広がる短編集である。（角田）

『コーヒー』『芝生の復讐』所収

葬式みたいに並べてある、墓のような味

珈琲と漢字表記するときは豆を挽いてドリップしたものを指し、コーヒーと片仮名で記す場合は粉をお湯で溶くだけのインスタントコーヒーを意味するのだ、ともっともらしく説明してくれたのは、青っぽい唐草模様の絵付けをした中近東向けの輸出用茶器を焼いている窯元の主人だった。ほんとうかなと疑いはしたものの、仲のよい友だちの父親でもあるそのひとは、厚ぼったくて持ち重りのする地場の製品とは比べものにならないほど軽やかな自慢の茶器を手にしながら、ネスカフェを卒業してようやく「違いがわかる男の、ゴールドブレンド」を飲みはじめた程度の中学生相手に熱弁をふるい、まあ、うちの「コーヒーチャワン」でなら、なにを飲んでもうまいがね、と付け加えるのだった。

友だちは父親の仕事をたいへんに尊敬していて、遊びに行くと、かならずその高価なカップでインスタントコーヒー（ただし、銘柄はマックスウェルのブレンディ）を振る舞ってくれた。上品だけれど取っ手が小さくて摑みにくいその輸出用珈琲茶碗に金メッキのスプーンで二杯分の粉を入れ、花柄の電動ポットで沸かした湯を注ぐ。コーヒーの味はその場の雰囲気で変わる。おいしいときは、楽しい証拠なのだ。逆に、楽しければ、どんなものでも美味なはずなのである。

リチャード・ブローティガン｜著
藤本和子｜訳
新潮文庫　520円＋税

私的読書録 34

堀江敏幸

ところが、友だちの好意と父親の演説にもかかわらず、このコーヒーはどうにも冴えなかった。縁にちょっと欠けがある白い陶器のマグカップに瓶から直接日分量で粉を落とし、雪平鍋で沸かした、まだぐつぐつ暴れている湯を落ち着かせてからざっと注いで、割り箸でもフォークでもなんでも突っ込んでかきまぜる、といった適当なやり方をしている自分の家のコーヒーのほうが、ずっとよいのである。銘柄の相違や濃い薄いの好みとは別の問題だった。要するに、インスタントコーヒーを味わうための、大袈裟な道具立てが気に入らなかったのだ。

仕方がない。それからながいあいだ、私はこういう適当な方法で作ったコーヒーを幸せに飲みつづけた。インスタントコーヒーに潜む寂寥《せきりょう》なるものを知ったのは、東京に出てひとり暮らしをはじめてからのことだ。リチャード・ブローティガンは、『芝生の復讐』に収められた一篇『コーヒー』のなかで、こう書いていた。

「テーブルを見る。インスタント・コーヒーの瓶と空のカップとスプーンが葬式みたいに並べてある。一杯のコーヒーを入れるには、これだけの物が必要だ」（藤本和子訳）

主人公は、好意を持たれていない女性の家にわざわざ出掛けて行って、コーヒーが飲みたいと頼む。「葬式みたいに」並んでいる物たちで作るインスタントコーヒーは、「墓のような」冷たさと重さで彼の胃に流し込まれる。しかし、孤独に満ちたこの小篇を読むと、さらに身も蓋もない描かれ方をしているにもかかわらず、いまわしい墓を何基も、何ガロンも飲みたくなってくるのだ。まるでこの殺伐とした感じこそがインスタントコーヒーの正しい味わい方だ、とでも言うかのように。（堀）

『きみのためのバラ』

病むためでなく健やかであるために食べる

池澤夏樹｜著
新潮文庫　430円＋税

池澤夏樹『きみのためのバラ』には、八つの短編小説が収録されている。最初の収録作『都市生活』をまず読めば、軽い読みもので構成された一冊なのかなと思う。この小説では、見知らぬ男女がほんのつかの間、レストランのテーブルで会話を交わす。男は牡蠣と白ワインを食べ終え、ケイジャン・チキンを食べるところ。女はデザートを食べたばかり。会話をした二人のあいだには何も残らず、私たち読み手は、東京のあちこちで現実に見受けられる、さりげなくストレスフルなマニュアル会話と、やけにおいしそうな食事の印象のみを、強く抱く。

が、読み進むにつれて、小説はゆっくりと人生の細部に切りこんでいく。さらりとはじまった耳障りのいい音楽が、五感のすべてからじわじわと内部に入りこんでいく感じ。そうして最後、表題作までたどり着いたとき、これだって存分にさりげない短編小説ではあるのだが、私たち読み手は強く打ちのめされることになる。ゆっくりと確実に浸透してきた音楽が、いっせいに鳴り響き、私たちの体を内側から、これでもかというくらい、揺らす。こういう体験は滅多にないので驚いた。

池澤夏樹は失われていくまっとうさの奪回に真剣に向き合っている作家だと私は勝手に思っている。まっとうさというのは、人間らしいまともさである。むずかしい言葉でそれについて

私的読書録 35

角田光代

論じることもあるし、ひどくわかりやすい言葉で書いてくれることもある。

　この短編集に通底しているのは、人間の健全な体温だ。意味のないマニュアル会話と正反対に位置するもの。意味不明といってもテロや暴動のそれではなく、祖先や生まれ変わりといった人智を超えたもの。人とのあいだの断絶ではなく、一瞬だとしても、つながり。そうして、ひどく無力な人間たちが魔法の力もないのに奇跡を起こす。さりげなく、でも力強い奇跡。

『都市生活』のほかに『二十マイル四方で唯一のコーヒー豆』という作品にも、料理がよく出てくる。十七歳の少年が、父親の友人に連れられて旅をし、カナダのホテルにたどり着く。明るい雰囲気のホテルで、宿主の仕事を手伝い、彼らとともに食事をする。どちらも作品のなかで描かれる食べものは、まっとうさの象徴のように私には思える。だれかがきちんと手間と気持ちをこめて作った料理。保存料や化学調味料や着色料と無縁の、新鮮で力強い料理である。

　今、食べものにまっとうさを求めようとすると、マクロビオティックとかオーガニックとか、ちょっとだけヒステリックな響きが混じり、そのせいかどうかちっともおいしそうに私には感じられないのだけれど、ここに登場する料理はそのどれとも関係なく、そして真のまっとうさを感じさせる。しかも、すべてがおいしそう。こぼれたコーヒー豆で淹れられたコーヒーすら。それで、はたと気づくのである。本来私たちは、病むためでなく健やかであるために食べるのだ、と。わかり合えないと知るためでなくわかり合えると思って他人とかかわるのと、まったくおんなじに。

『若山牧水歌集』

台所にわが酒壜が立って待つ

高校の図書館で借りた『みなかみ紀行』を読み終えたときから、若山牧水の名は、旅と酒の同義語になってしまった。みなかみ、すなわち水源とは酒のことを指すのではないかというくらい、ここにはアルコールの匂いがただよっている。

私自身は体質的に飲めない人間だが、楽しい酒の席に参列するのは苦痛でもなんでもない。ウーロン茶だけで一晩つきあうこともしばしばある。ただし、幼少時からの刷り込みなのか、酔うという言葉はほろ酔いではなく泥酔状態を指すものだとの思い込みがあって、崩れない綺麗な酒ばかり見せられると、なにかまちがっているような感じがしてしまう。

酒は徐々に口から胃のなかに落ちて、身体中に染みていく。その途中にほろ酔い状態も含まれているわけだが、私の周囲で大酒飲みと呼ばれる者たちは、過程よりも目的地へ一足飛びにたどりつくことしか考えていなかった。実際の酒量よりも深い酔いが胸のなかにひろがって、あとから身体の酔いが追いついてくる。

彼らの顔は短時間で赤から赤銅色に変わり、やがてどす黒い血の色になった。生きものとしてまだ発見されていない内臓のどこかに、日本手ぬぐいで包んだ酒粕をしまい込んでいて、酒の精髄が爪や髪の先からじわじわ染み出しているのではないかと思いたくなるほどの、つよい

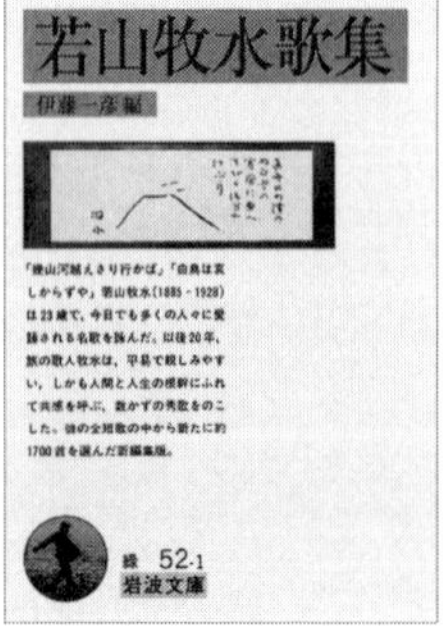

若山牧水｜著
伊藤一彦｜編
岩波文庫　760円＋税

堀江敏幸

アルコール臭がそこで生まれる。すると、全身から発せられる酒のにおいの粒子が蚊柱のような柱状になって当人といっしょに立つ。

牧水の酒の歌にも、そのにおいの柱はあった。しかしそれだけではなかった。彼が本格的に飲み始めたのは、早稲田の学生時代に経験した激しい恋愛がきっかけである。青春の苦悩のさなかに、彼はあの、「白玉《しらたま》の歯にしみとほる秋の夜の酒はしづかに飲むべかりけれ」をはじめとして、いくつも酒の歌を詠み、明治四十五年、二十八歳で結婚し、子をもうけてからも、旅に出ては飲み、飲んでは詠み、詠んでは飲むを繰り返した。

大正十年に刊行された第十三歌集『くろ土』には、「このまゝ酒を断たずば近くいのちにも係るべしといふ、萎縮腎といふに罹りたればなりと」という恐ろしい詞書《ことばが》きがあって、そのあとに数首、酒の歌がならんでいる。

「酒やめて代はりになにかたのしめと医者がつらに鼻あぐらかけり」

「酒やめむそれはともあれながき日のゆふぐれごろにならば何《な》とせむ」

身体のなかに酒を入れている本人ではなく、酒の精が勝手に詠んでくれたかのようなこれらの歌には、においばかりでなく、泥酔しながら崩れない、いわば気持ちの柱が立っている。

「足音を忍ばせて行けば台所にわが酒の壜は立ちて待ちをる」

牧水にとって、酒は大きな喜びだったが、意識を失って醜態をさらすような酩酊とは無縁だった。酒に酔うことは、あとから言葉を組み立てるために必要な、より深い覚醒の場だったのである。（堀江）

『ドアの鍵が開いていて、いつもあなたを歓迎してくれる場所』

『回転する世界の静止点』所収

不気味でグロテスクな日常のディナー

パトリシア・ハイスミスを知ったのは数年前で、遅い出合いの常として、どうして今まで読まなかったんだろうなあとつくづく不思議に思った。そのくらい、好みの小説だった。とはいえ、ミステリの名手らしいこの作家の短編小説しか、私は未だ読んでいない。この作家の短編小説は、ミステリではない。どんなジャンルに括ればいいのか、ちょっとわからない。一貫して現実に即して書いているのに、どこか不条理で、不気味で、非日常的に緊迫している。たとえば『ドアの鍵が開いていて、いつもあなたを歓迎してくれる場所』という短編小説に登場する食べものすらも、何か不条理で、不気味で、非日常的に思えてくる。ごくふつうのメニュウなのに。

この小説の語り手はもう若くはない女性、ミルドレッド。ニューヨークで働き、ひとり暮らしをしている。クリーヴランドから、姉が訪ねてくる。姉に、自分はきちんと生活していると いうことを見せるために、ミルドレッドは奔走する。部屋を掃除し、花を飾って。当日は、夕食の準備がすぐにできるよう、幾度もメニュウを考え、姉を駅に迎えにいくあいだ、手早く支度を進める。なんでもない日常のひとこまなのに、不吉なことが音をたてず近づいてくるような異様な緊迫感がある。彼女が卵を火にかけたまま出かけたことが、読み手の頭にもこびりつ

パトリシア・ハイスミス｜著
宮脇孝雄｜訳
河出書房新社　品切れ

私的読書録 37

角田光代

いて離れない。ああ、どんな惨事に発展するのか。

　しかし、姉はやってきて、家は火事にもなっていない。そうして夕食になる。ポテトサラダ、デリカテッセンで買ったコールスロー、ライ麦パン。

　できるだけ短時間でミルドレッドがそれらを用意する描写は、ホラー映画の一シーンのようだ。彼女は卵を床に落とし、コールスローをひっくり返す。どんなふうに元通りにしたのかは書かれていないが、でも、姉が見ていないすきに彼女は「なんとかして」それらを繕《つくろ》い、食卓に出す。そしてパンにつけるバターを買い忘れたことに落ちこみ、「温かい料理は食べないのか」という姉の指摘に彼女は落涙すらしそうになる。

　なんの惨事も起きない。不条理なできごとも、非日常的な展開もない。なのになんだろう、読み終えるまでずっとざわざわし、読み終わってもなお、ざわついた気分はおさまらない。

　ここには多くの人が覚えのある感情が書かれている。身近な人の無理解と理解、彼らへの愛情と疎ましさ、見栄と自負、都会と田舎の隔たり。そのどれも、決定的な失敗でも決裂でもなく、ただの日常のなかにまぎれて消えてしまう。もしかしたらそれと意識する前に。そういうちいさな機微を、こんなふうに詳細に言葉で描き出すと、顕微鏡を覗いたようなある種のグロテスクさが浮き上がってくるのかと驚かされる。デリカテッセンで買って、大慌てで用意した「冷たい」ディナーが、悲劇にも喜劇にもなり得ないごく平凡な数時間を、じつにみごとに象徴している。

角田

『わたぶんぶん　わたしの「料理沖縄物語」』

ひとくち食べれば、あのときが一挙に噴き出す

与那原 恵｜著
西田書店　1200円＋税

料理は記憶である。ほぼおなじ味は再現できても、まったくおなじ味を二度作ることは不可能だからだ。一皿、一品の味は、その場にいた人々の顔ぶれや雰囲気、前後の時間の流れや自分自身の体調など、もろもろの状況をひっくるめて成り立っているのであり、食べた瞬間にその体験が過去に組み入れられてしまう以上、味を守るには記憶を守り、記憶の再現法を洗練させるしかない。

けれども、ほぼおなじ味付けを繰り返し舌に覚えさせるうちそれが習慣となって、長い時間の幅を占める記憶へと育っていく。ひと口食べれば、あの日あのときの、だれそれの様子が、また、そのひとにまつわる思い出が一挙に噴き出してくる。したがって、料理を語るには作り方を説明するだけでは不十分で、他人にはなんの重要性もない出来事や光景が、自分のなかでいかに大きな意味を持っているかを再確認する、そのよろこびと驚きのありさまを伝えなければならないのだ。

著者は、右のすべてをやさしい言葉にのせて、読者を「わたぶんぶん」にしてくれる。「わたぶんぶん／とは／沖縄の言葉で／おなかいっぱい／の意味」。詩のような、呪文のような言葉の響きの、なんと音楽的であたたかいことか。この言葉をつぶやくと、紹介されている料理

をぜんぶ味わいたいという気持ちになってくる。語り口からあふれ出る人々への想い、とくに沖縄出身の両親に対する愛の深さに心打たれ、いつのまにかおなかではなく胸がいっぱいになっている。

旧姓を南風原《はえばる》といった著者の母親は、婚約中、「ぼくは金魚の天ぷらいがいなら何でも食べます」と宣言した父親でさえ口にできなかったほどの料理下手だったという。料理が下手なことも立派な思い出として機能し、その母が唯一得意にしていた台北仕込みのビーフンにまつわる話を引き出してくれる。そして、母親に代わって家庭の味を作ってくれた父親の、すばらしい手料理の数々も。

彼のレパートリーのひとつが、「ぽうぽう」だった。「小麦粉を水で溶き、卵をくわえる。しばらく寝かして、フライパンで薄くのばして焼く。クレープに似ているけれど、もっとこぶりでモチモチとした食感をのこすように焼きあげる。そして、甘味噌などを芯にして、くるくると巻き上げる」お菓子のような料理だ。これに砂糖を加えると、今度は「ちんぴん」という奇妙な音の食べものになる。五人兄妹の末っ子である著者のために、父親は時間をかけて、丁寧にそれを焼きあげた。「ぽうぽう」と「ちんぴん」を語る頁はまるで短編小説のようだ。

大きな役割を果たしているのは、新宿成子坂にあった沖縄料理店「壺屋」のおばさんである。彼女は著者の母親を、戦前の沖縄の女学校時代から知るひとだった。奇跡的な出会い。島の料理が、見えない時間と空間を結びつけたのだ。このおばさんから、著者はあれこれ料理を教わっていく。それはたったひと口で過去を呼びさまし、記憶を掘り下げ、いまを豊かにして、新しい人間関係を編んでいく魔法でもあった。本書の言葉にも、まさしくその、魔法の味わいがある。（堀江）

『檸檬』

食べるのでなく、見ることで

梶井基次郎のいちばん有名な小説は『檸檬』である。多くの人がこの短編小説を教科書で読んでいると思う。既読の人に「梶井基次郎の『檸檬』」と言ったとき、その人が連想するのは、レモンのあの酸っぱさではないと私は想像する。レモンの鮮やかな色か、丸さか、重さなのではないか。私の場合は、そうだ。「梅干し」と聞いて口が酸っぱくなるような、あの感覚は、『檸檬』には付随していない。

もちろんそれは、描かれた檸檬が、食べるためのレモンではないからだ。

梶井基次郎を読み返してみると、食べる記述がいっさいない。驚くほど、ない。そのかわり、というわけではないが、色やカタチといったものが、じつに鮮明に描かれている。主人公が銀座のレストランに赴いたときも、作家が描くのはテーブルではなく天井やその場のきらびやかさである。

私が梶井基次郎をむさぼるように読んでいたのは十代の終わりから二十代のはじめで、そのときは、食べものの描写がないことにまるで気づかなかった。たぶん私自身が、食べることにさほど興味がなかったのだ。だから、彼の作品を思い出すとき、色つきの光景がまずあらわれる。それはレモンの鮮やかな黄色だし、真っ青な月夜の海辺だし、そこに長くのびる影である。

梶井基次郎｜著
新潮文庫　430円＋税

私的読書録 39

角田光代

遠く見える星水母《ほしくらげ》のような花火であり、石墨で道路に描かれた線であり、夜に映える桜の木だ。

こんなこともあった。女ものの浴衣が外にかかったままになっていて、それが女性の体つきそのものに見えた、というような描写のある小説、あれはなんだったっけとずいぶん長いこと考えていて、タイトルにどうも「城」がついた気がする、と、『城の崎にて』ではないかと思い、読み返したが、そんな描写は出てこない。が、視覚がその小説をはっきり覚えている。読むことで、たしかに私は見たのである。女の体のかたちに膨らむ浴衣を。

ずいぶんたって梶井基次郎を読みなおし、「あっ」と声を出して驚いた。『城の崎にて』ではなく『城のある町にて』だったのである。たしかにこの短編小説のラストは、私の視界の記憶とぴったり一致する。

肺病を病んでいた梶井基次郎は、三十一歳の若さで亡くなっている。つまり彼の作品はみな、二十代のうちに書かれたものということになる。食べものの記述がほとんどないことは、この作家のその若さ、生の短さにきっと関係しているのだろうと思う。若き日の私が食べものに興味がなかったのよりよほど切実に、この作家はそんなことにかまっていられなかったはずである。梶井基次郎は味わうことで世界をとらえるのでなく、見ることで世界を獲得しようとした、そんなふうに思えてならない。私は想像する。レモンがもし、じゃが芋だったら。もし、卵だったら。もし、肉まんだったら。ぜんぜん、だめだ。そう思うとき、梶井基次郎というのは、なんと視覚的センスにすぐれた作家だったのかと気づかされるのだ。(角田)

『それからはスープのことばかり考えて暮らした』

ひと口目よりもふた口目がおいしくなる、「ふつう」の味のスープ

パリの東の、小高い丘の中腹にあるその部屋の窓からは、小さな煙突の突きだしている建物の屋根越しに、ゴシック風の高い鐘楼が見えた。眺めはいいんですがね、一階部分がついこのあいだまで洗濯屋だったものだから、中庭からスチームがもうもうと出て、裏窓が開けられないくらいだったんですよ、と彼は言う。年齢はひとまわり上だったのだが、共通の友人宅で催された立食パーティーの席で親しくなり、ぜひ遊びにいらっしゃいと誘ってくれたのである。

私たちを近付けたのは、当時大流行していたピンバッジだった。某社の某食品を数個買ってシールを送るともれなく当たるという、よいデザインのピンバッジがあったので、喜んで応募をしたところ、三ヶ月経っても音沙汰がない。しびれを切らして問い合わせてみると、工場はアジアにある、納期はわからない、と言うばかり。これでは詐欺に等しいではないか。パーティーの席で私がそんな幼稚な怒りをぶちまけていると、隣にいた男性が恥ずかしそうに、じつはそれ、うちの会社で、なんと、このぼくが企画したものです、申し訳ない、と頭を下げた。きみさえよければ、お詫びのしるしに、試作品の余りを進呈しましょう、ついでに自慢のコレクションをお見せしますよ、と付け加えて。ぽかんとしたまま、私はその誘いを受けた。

まだ明るい夕刻、ソファーに腰を下ろすなり、彼は早速、主題別に分類された数千個に及ぶ

それからは
スープのことばかり
考えて暮らした
吉田篤弘
中公文庫

吉田篤弘｜著
中公文庫　629円＋税

私的読書録　40

堀江敏幸

ピンバッジを、解説つきで見せてくれた。色、形、ロゴのデザイン。どれもこれもすばらしかった。一時間、そして二時間があっという間に過ぎてゆく。そして、そのあいだずっと、台所のほうから、なんともいえずおいしそうな匂いが流れてきていた。ときどき鼻をひくつかせている客に気づいて、ああ、あれは、スープです、と彼はこともなげに言った。広告宣伝部に配属される前は食品開発部にいて、そこで十年以上、粉末スープの研究をしていたんです。ぼくの仕事は、粉末にする前の段階でしたけどね。

　午後八時を回ったところで、そろそろかなと彼は食卓の準備に入り、田舎パンと数種類のチーズ、それから実だくさんのスープを手早く出してくれた。さんざん試してみて、いちばん気に入ったものなんですよ、ただ、商品化はされませんでした、あまりにふつうのスープだったもので。ひと口飲んで、驚いた。複雑で、同時に「ふつう」の味だった。ひとくち目よりもふたくち目、ふたくち目より三くち目がおいしくなる味。ある日、試作の材料の余りものを全部ぶち込んだらできたのだという。私は三杯おかわりした。

　その味が、長い間忘れられなかった。なんとかもう一度、飲んでみたい。願いは、十数年後、吉田篤弘の『それからはスープのことばかり考えて暮らした』によって叶えられた。主人公の名は、大里。オオリと読むが、オーリィ君と呼ばれている。どうでもいいことだが、フランス語ではHと語末のEを発音しないので、私は留学中ずっと、オーリィ君と呼ばれていた。物語のオーリィ君は、「3《トロワ》」という小さなサンドイッチ店で、すばらしいスープを作る。かつて現実のオーリィ君だった私は、この架空のスープを、まるで自分が作ったものであるかのように、遠慮なく、何杯もおかわりした。

『地獄／天国』『見知らぬ場所』所収

夫婦の「距離」は、味覚のそれでもあったのではないか

デビュー作『停電の夜に』から、すっかりジュンパ・ラヒリのファンになった。短編も長編も、この作家はうまい。どの小説の設定もおなじ。主要な登場人物たちはみな、アメリカやイギリスで暮らすインド人家族。研究者の父親が、渡米もしくは渡英するにあたって見合い結婚し、インドから連れてこられた母は異国で出産する。子どもたちは異文化のなかで育つ。イギリス生まれのベンガル人、ジュンパ・ラヒリという作家の背景、そのままである。

これほどおなじ設定が多いのに、すべての作品が、それぞれ異なったテーマとストーリーを持ち、異なった色合い、異なった感触を持っているのだから、すごい。通底するのは距離だ。故郷と現在地の、過去と現在の、世代の、男女の、あらゆるものの距離である。

『見知らぬ場所』は第二短編集である。このなかに、ひとつ、自分でもびっくりするくらい泣かされた短編がある。『地獄／天国』がそれである。

研究職の父は、結婚したばかりの新妻を連れてアメリカに移住。小説は彼らの娘の視点で描かれる。この夫婦のもとに、ベンガル人の留学生があらわれる。アメリカ暮らしと食生活になじむことができず、ほとほと困り果てていた彼は、同郷人を見つけ、歓迎されたのをいいことに彼らの家庭にあがりこむ。九歳年上の、節約家で無口でまったく趣味の合わない夫と暮らす

ジュンパ・ラヒリ｜著
小川高義｜訳
新潮社　2300円＋税

私的読書録 41

角田光代

若き日の母と、二十五歳の陽気な彼、プラナーブはすぐに親しくなる。

ジュンパ・ラヒリの小説に登場する人々は、必ずといっていいほど、居住地の食に迎合することなく、かたくなに故郷の伝統食を食べている。だから、彼女のどの小説にも、私の狭小な想像がおよぶかぎりのスパイス臭が漂っている。この短編小説もおなじ。毎週末、留学生を迎える母は、いそいそと故郷の料理を作る。この留学生にアメリカ人の恋人ができ、彼の訪問に彼女が同行するようになったとき、そのすべてがおもしろくない母がまず口にする不満は、食事のこと。アメリカ人女性がくるのだから、あまり辛くはできないしカレーに魚の頭もいれられない、そんなふうなことを言う。そうして母のひそやかな反対を知るべくもなく、彼らは婚約し、アメリカ式の結婚式を挙げる。

ともに食卓を囲むこと、味覚を共有することの、重要さを思い知る。もし留学生が、彼らの家に遊びにくるだけで、食事をしなかったら。あるいはこの留学生が、彼女の夫のように質素で、菜食二品の夕食しか食べなかったら。きっと、母はこの若い男性に惹かれることはなかったのではないか。いや、たとえ惹かれたとしても、ラストに打ち明けられる衝撃的な行動には、出なかったのではないか。

そうして、未読の方のために詳細は書かないけれど、二十数年後のプラナーブの驚くべき選択には、やっぱり、食、が絡んでいるような気がしてしまう。プラナーブ夫婦のあいだに在り続けたらしい「距離」は、味覚のそれでもあったのではないかと、つい、穿《うが》った読み方をしてしまうのである。

『ハンバーガーの土曜日』『ミス・リグビーの幸福』所収

バーボンやウイスキーではなく、氷水を好む私立探偵

愛する妹が愛したひとに、彼女からのさよならを伝えて欲しい。白血病で余命いくばくもなかったという妹が自ら命を絶つ前に残した一枚の紙切れには、ファーストネームだけ記されていた。姉はその相手に会ったこともなく、調べようにもなにから手をつけていいのかわからない。そこで、私立探偵を呼んだ。ただたんに、そのさよならを伝えてもらうためだけに。

片岡義男が短篇集『ミス・リグビーの幸福』で創りだしたカリフォルニアの私立探偵、アーロン・マッケルウェイは、二十一歳の若者である。「先の角ばったカウボーイ・ブーツに、着古したリーヴァイス。青いチェックのカウボーイ・シャツに、ヘソのあたりまで長く垂れている、首に巻いている赤いバンダナ」。加えて、ホルスターには重いマグナムも下げている。それでいて、依頼人からなにか飲み物をと尋ねられても、バーボンやウイスキーではなく、アイス・ウォーターを頼んだりする。

アーロン初登場となる右の一篇、『ハンバーガーの土曜日』にはビールを飲んでいるとしか読めない場面もあるけれど、原則としてアルコールを受け付けないところは、だれの心にも沁みてだれの色にも染まらず、濁りそうになっても自浄できる彼の乾いた性格に、ぴたりと一致している。氷水を好む私立探偵は、食べものにもあまり執着しない。食事という言葉はかろう

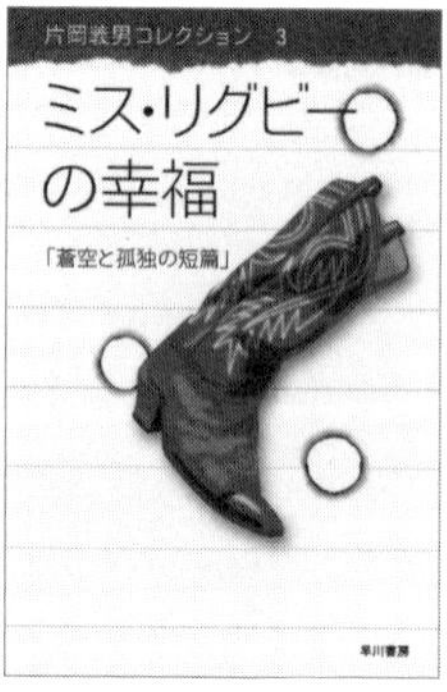

片岡義男｜著
早川書房　820円＋税

私的読書録 42

堀江敏幸

じてあって、自然食のレストランに入ったりもするのだが、具体的なメニューは記されておらず、確実に口に入れたと言えるのは、ひとからもらったアイスキャンディーくらいのものだ。

ところで、依頼人の妹の恋人を探し出すまでの短い物語のなかで忘れがたい役割を演じているのが、タイトルにも含まれたハンバーガーだ。アーロンではない人物が、食べかけの状態で残した冷たいハンバーガー。できたてのあたたかいハンバーガーにホットコーヒーだったら、展開がいっぺんに萎《しお》れてしまうような物語だということでもある。

アーロンが口にするのは、食べものではない。依頼人の話であり、聞き取りをした相手の言葉である。差し出された言葉を、彼は好き嫌いなくゆっくり丁寧に嚙み砕いて、水水で流し込む。重い話を重く感じさせず、軽い話を軽いままに放置しないアーロンの平衡感覚は、愛用のジープの運転席から見える風景の捉え方にもあらわれている。「アーロンは、空を見た。夏のはじまりの、まっ青な空だ。じっと見つめていると発狂しそうなほどに青い。陽が、鋭くきらめいて、降り注ぐ」。

カリフォルニアだから、青い空なのか。そうではない。アーロンのなかでは、食べるという行為が、生きるために必要な栄養の摂取や美食にではなく、この青い空の下の世界と向き合う姿勢に結びついているのだ。

二十数年前の夏、刊行間もない『ミス・リグビーの幸福』を買って、冷房の効いた図書館で読んだ。読了後、無性にハンバーガーが食べたくなった私は、駅前の店に入り、いちばん安いものをひとつ頼んだ。お飲みものはなにになさいますか。もうこれしかないとばかり、勇気を出して、お水をください、と言ってみると、カウンターの女の子は青空のような笑みを浮かべ、しかしこちらを見もせずに、氷は入れますか、と答えた。(堀江)

『初夜』

初夜を迎える二人に供された、しかつめらしい正餐

イアン・マキューアン｜著
村松 潔｜訳
新潮社　1700円＋税

二〇〇九年に刊行されたイアン・マキューアンの小説『初夜』は、この作者にしたら短い小説であるが、しかし読み応えは上下二冊の文庫『贖罪』に決して負けていない。

舞台は一九六二年のイギリス。結婚式を終えたばかりの若い男女が、ハネムーン先のホテルで食事をしている。当時の正餐はまず「メロン一切れにシロップで照りをつけたサクランボを一粒のせたもの」ではじまり、野菜とじゃが芋の添えられたローストビーフへと続き、デザートは「シェリー・トライフルとチェダー・チーズとミント・チョコレート」。

若い二人は、給仕をするウエイターたちの対応や目線を気にしながら食事をはじめるが、披露宴の食事がまだ胃に残っていて、ちっとも空腹ではない。けれど、彼らはおとなしく食べ続ける。そういう時代だったのだ。供されたものはきちんと食べるのが、大人の作法であるというルールがまだ生きていた時代。食事を放り出してワインボトルだけ持って、浜辺まで走っていくなんて愚行が許されない時代。

「そういう時代」だった、というのは、この小説のひとつのポイントである。向かい合って食事をする二人は、それぞれある懸念を胸に抱いているが、それを相手に打ち明けることができない。なぜなら、そういうことをざっくばらんに話せるような時代では、まだなかった。そう、

角田光代

彼らの懸念とは性、セックスについてである。

この食事のあと、決定的なできごとが起きる。一瞬だ。その一瞬が、二人の人生をまるきり変えてしまう。もし時代があと十年遅かったら、きっと起きなかったであろう悲劇。

そうして小説は、二人の、結婚に至るまでの人生を微細に丁寧に描きはじめる。まったく異なる階級で、異なる環境で生きてきた二人は、奇跡のように出会い、ため息が出るほどうつくしい時間を共有する。そのときの自分のもてるかぎりの愛情と尊敬を、彼らは相手にそそぐのだ。

なのに、結婚式の夜、彼らの人生はそれぞれの思い描いた未来とまったく違う方向に向かう。決定的に。それは時代のせいであり、その時代を生きていた、二人の幼さのせいでもある。

ヒッピーブームが起きるのは、この数年後。男も女も髪に花を挿し、性の解放を実践した。そんななか、もはや「古い世代」に属する彼らは、彼らの人生を生きていく。

彼ら二人は、おそらく、ハネムーン先のホテルで供された、しかつめらしい、形式的で退屈な、おいしくもない正餐を、一生忘れることはなかっただろう。そのサクランボのべたつきや、ローストビーフのソースの濃さや、野菜の色のうつったじゃが芋、そのときは味なんてわからなかったそれぞれの苦みを、生涯抱えて生きただろう。そうして読み手も同様に、忘れられないのだ。この冷たい、形式的な、最後の晩餐を、彼らを支配していたのと同様の緊張のもと、そろそろと味わった「体験」を、きっと忘れることはない。一晩が、いや、一言が、運命や人生といったものをまったく変えてしまうことがあるのだという、深い衝撃とともに。（角田）

『牛肉』

『晩菊・水仙・白鷺』所収

「牛肉」という言葉が結びつくのは、活力か、希望か、官能か

若い頃、レイトショーの映画を観たあと、よく友人とチェーン店の牛丼屋に入った。ふぐ刺しよりも薄いあの味付き牛肉片を食べただけで、なんだかわけもなく元気になり、バスも電車もなくなった夜道を延々歩いて帰ることができたものだ。もっとも、サンドイッチに珈琲、あるいはカレーでも同様の効果は得られたから、たんに腹が減っていただけなのかもしれない。牛肉のおいしさ、活力源としての凄さを身に染みて知ったのは、ずっとあと、国外でのことである。一説によると、私は献血のできない身体になっているらしいのだが、疲れてまったく動けないようなとき安いサーロイン一枚で何度も生き返ったことのある身にとって、牛肉という単語はまちがいなく活力と同義である。

林芙美子に、『牛肉』と題された短篇がある。昭和二十四年に発表された作品だが、物語は昭和十三年十一月の、漢口陥落の翌日、捷報《しょうほう》に浸ってざわついている夜の東京を、ひとりの男が「心の何処かに、うずうずとするような嬉しさ」を感じながら歩いていく場面から始まっている。出征兵士や万歳三唱をして見送る人々に、彼はなんの関心も示さない。頭にあるのは、満喜江という女のことだけだ。

「突然、満喜江から鍵を下さいと電話がかゝって来た。今日これから、荷物を持ってすぐ行き

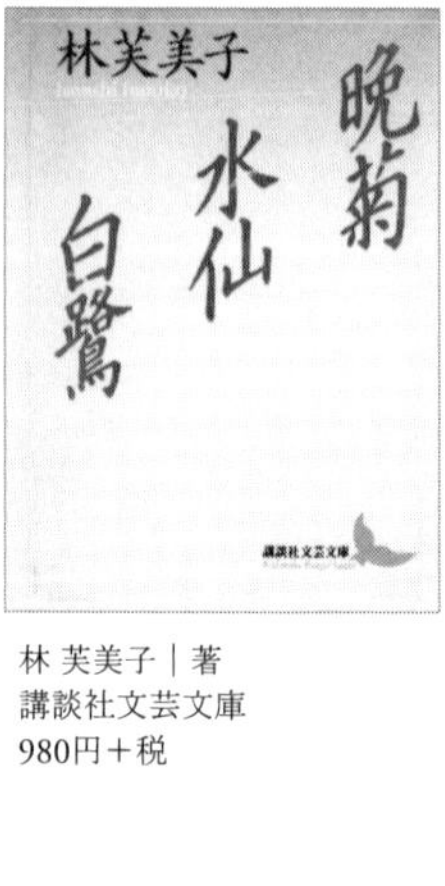

林 芙美子｜著
講談社文芸文庫
980円＋税

堀江敏幸

たいと云うので、佐々木は吃驚して、どうした事なのだと訊いた」

冒頭の一節である。佐々木は新米の新聞記者だったとき、横浜本牧の店で客を取っていたマキイこと満喜江に夢中になり、一時はペットのようにくっついていた。しかし彼女がエストニア生まれの富裕な老フランス人に落籍されて店を辞めたのを機に、関係はそれきり途絶えていた。そこへ来ての、一年半ぶりの再会である。佐々木はせがまれたとおり鍵を渡し、四谷のアパートへ浮ついた足取りで帰って行く。二階の自室の窓にはもちろん灯りがついていて、「マキイ！」と呼ぶと、「アロー」と場ちがいなフランス語で返事があり、「ピンクのパンツ一つの満喜江がすんなりした裸で出て来た」。

　満喜江はまだ二十代前半、たっぷり栄養を取ってきたから肌の色艶もいい。事情を話すまえにいきなり「鍵を下さい」と切り出すいかにも率直で蓮っ葉な彼女の言動は、暗い時代の制約を軽く超えている。『牛肉』という短篇世界に生きるふたりは、このあとどうするのか。うまい牛肉を食べさせる店に出かけるのか、肉屋で牛を買ってきて部屋でスキヤキでもするのか。あるいは、牛肉は単なる比喩にすぎず、佐々木にあらたな希望と力を与えるという意味において、満喜江の、いわば牛肉的な魅力を示唆しているだけなのか。

　作者はそれこそ熟れた牛肉のごとき円熟期の林芙美子である。ふたりをいつまでも円満にさせておくはずもない。満喜江が春をひさいでいる事情を、佐々木に決定的な魅力が欠けている理由を、迅速かつ正確に描き出していく。牛肉という言葉が使われるのは、たったの一度。私は、活力の源であるはずの肉がなんの力にもならない事例を、この短篇ではじめて教えられたのだった。（堀江）

『センセイの鞄』

二人の中心にある、湯豆腐、おでん、ビール、熱燗

食べものの描写がうまい作家は古今多々いるが、川上弘美さんもそのひとり。食べものをおいしそうに書きますよ、とかまえていないところがおもしろい。たとえばこの作家のどの小説でも、登場人物たちがオーガニック食材にもスローフードにも、手の込んだ家庭料理にも三つ星レストランにも興味を持っているように思えない。食べものは、あくまでもさらりとするりと書かれている。なのに、印象深い。その最たる作品が、名著『センセイの鞄』ではないか。

三十代独身のツキコさんが、高校時代の国語教師と再会する。この老教師とツキコさんが再会するのが、「駅前の一杯飲み屋」だ。初っぱなで、二人はそっくりおなじものを注文する。まぐろ納豆、蓮根のきんぴら、塩らっきょう。

居酒屋の風情というものが、この注文によって見えてくる。まず、注文すると「よろこんで！」と店員が叫ぶようなチェーン店でないことがわかる。かといって、今どきの、若い男の子たちが活発に働く、メニュウが手書き筆文字の、笊《ざる》豆腐を塩で食べるような店でもない。それから、小洒落た創作料理を出す店でもないことがわかる。デート用に選ばれるタイプの店でもないし、かといって、油で汚れた14インチのテレビを、ひとり客が全員見上げているような店でもない。まっとうな、理想的な正統的居酒屋であることが、最初の三品から、すでにわかってしまう。

川上弘美｜著
文春文庫　540円＋税

私的読書録 45

角田光代

男女の恋愛において味覚が重要であると、なんとなくみんなが薄々思っていたことを、この小説ははじめて説得力を持って描いたのではないか。二人を結びつけ、かつ、二人の中心にさりげなくある食が、居酒屋の地味な料理、というのがじつにこの作家らしいと私は思う。すなわち湯豆腐、ぶりの照り焼き、おでん、ビール、熱燗。恋愛とは、着飾ってフランス料理を食べにいくようなものでも、一カ月前から予約してレストランにいくようなものでもない、とこの小説は告げるかのようだ。もっと個人的でひそやかで、ごくふつうのこと。洗濯や昼寝やアイロンがけと同じような、けれど静かに光を放つもの。

この小説を読んでいると、ひとり、という孤独は、なんと身軽ですがすがしいことか、と思えてくる。ひとりで生きることはさみしいことでも悪いことでもないと、ツキコさんたちが教えてくれるのだ。だからこそラストは胸に迫る。ひとりで生きていてもぜんぜん平気だった二人が、出会い、恋をし、そうしてまた、ひとりに戻る。ツキコさんはまた、ぜんぜん平気で生きていけるだろう。でも、もう、前とは違う。センセイと出会わなかったころの日々には戻れない。センセイがいないことよりも、ツキコさんがのぞく鞄の奥にひっそりと在る、真の孤独にこそ、私たちは衝撃を受ける。

ある編集者が、「ここが『センセイの鞄』のモデルになった居酒屋だよ」ともっともらしいことを言って、ある店に連れていってくれたことがある。本当か否かはわからないのだが、でも、私は「嘘だ」と思った。本で読んだ正統的な居酒屋が、自分の内ですっかりできあがっているのである。これって、子どものころに読んだ外国文学に出てくるお菓子を、大人になって食べて、「これじゃない」と断じる感覚と、きっとおんなじだな。（角田）

『坊っちゃん』

蕎麦湯がそこにあるかないかで、夜はがらりと変わる

漱石の小説のなかで最も好きな登場人物はと問われたら、『坊っちゃん』に登場する清《きよ》、と答えるだろう。出来のよい長男と比べられていつも駄目人間扱いされている語り手が、あれこれへまをして危機に陥るたびにかばってくれる「下女」なのだが、もともとは由緒ある家の出で、明治になったとき零落して奉公に出るほかなくなったというから、芯はとてもしっかりしている。現代の言葉として十分に楽しめる小説の、まぎれもなく明治の世に書かれた近代小説のなかに、新しい時代の人間と真正面からやりあってなおすがすがしい気持ちを残してくれる女性が、江戸のむかしに生を受けているという事実にあらためて驚愕したのは、いつのことだったろうか。

少なくともひとり暮らしの経験が無かった頃には、清のことをそれほど大きな存在として意識していなかったと思う。坊っちゃんと呼ばれている語り手は、四国の高校に数学教師として赴任したあとのどたばたに際しても、こんなとき清ならどうするか、どう言うかと、判断の基準を親でも友人でも書物でもなく、いちばん身近にいた彼女の言動に置いている。「今まではあんなに世話になって別段ありがたいとも思わなかったが、こうして、一人で遠国へ来て見ると、始めてあの親切がわかる。越後の笹飴が食いたければ、わざわざ越後まで買いに行って食

夏目漱石｜著
岩波文庫　400円＋税

私的読書録 46

堀江敏幸

わしてやっても、食わせるだけの価値は充分ある。清はおれの事を慾がなくって、真直な気性だといって、ほめるが、ほめられるおれよりも、ほめる本人の方が立派な人間だ。何だか清に逢いたくなった」と、ことあるごとに清が脳裡に浮かぶので、『坊っちゃん』は清の小説だと言ってもおかしくないほどなのだ。

語り手の母親が亡くなってからの清は、ますます献身的になって、寒い夜には「ひそかに蕎麦粉を仕入れて置いて、いつの間にか寐ている枕元へ蕎麦湯を持って来てくれ」たりした。蕎麦は彼の好物だから、蕎麦湯もそれに準じるものだろう。温かい蕎麦ではなく、蕎麦湯というところがとても奥ゆかしい。寝ている坊っちゃんを起こさずに置いていくだけでは、冷めてしまうではないかなどと考える必要はない。蕎麦湯がそこにあるかないかで、寒々しい部屋の状況はがらりと変わる。

だから、彼が四国の町でひさしぶりに蕎麦屋に入って、天麩羅蕎麦を四杯もたいらげ、たまたま店にいた生徒たちに、翌朝「天麩羅先生」と黒板にいたずら書きされたことにえらく腹を立てた理由も、わかるような気がする。生徒たちのいたずらや、それをたしなめたことに対する口答えに怒ったというより、蕎麦がそのまま清との思い出に直結していることに意識の底で気づいていたからこそ、激しく反応したのだ。

ところで、清は蕎麦を打って坊っちゃんに食べさせたことがあるだろうか。どこにもそうとは書かれていないけれど、坊っちゃんに送った彼女の、「字がまずいばかりではない、大抵平仮名だから、どこで切れて、どこで始まるのだか句読をつけるのによっぽど骨が折れる」、しかし心のこもった手紙のような蕎麦を必死に打って、愛する坊っちゃんに食べさせてやっている清の姿を、私は読み返すたびに想像してしまうのである。（堀江）

『まんが道』（全14巻）

好きなことを仕事にするということは、どういうことか

『まんが道《みち》』は、あまりにも有名な二人組の漫画家の、自伝的漫画である。満賀《まが》道雄、才野茂という二人の少年が、手塚治虫にあこがれて、漫画を描くために富山から上京する。彼らは両国にある満賀道雄の親戚の家に下宿することになっているのだが、上京した足で、手塚治虫のいるアパートを訪ね、そのまま一泊することになる。このアパートこそ、かの有名なトキワ荘である。

東京での初の一夜を過ごした翌日の朝、トキワ荘に住む先輩漫画家、寺田ヒロオが彼らに朝ごはんを用意する。ごはん、海苔、漬物、キャベツの味噌汁、といったかんたんな朝食だ。ここで満賀道雄はキャベツの味噌汁なんてはじめてだ、と思うのだが、じつは私も、この漫画を読むまで、キャベツが味噌汁の具になり得るとは思っていなかった。

両国の親戚の家で五カ月暮らしたあと、二人は晴れてこのトキワ荘に引っ越してくる。部屋は四畳半、台所は共同である。そして、引っ越してきた二人がはじめて用意する食事が、ごはんと味噌汁、買ってきたコロッケである。味噌汁の具はもちろんキャベツ。翌朝は、この味噌汁にごはんを入れておじやにしている。

味噌汁も、ごはんも、天丼もラーメンも、出てくる食べものはなんでもかんでもおいしそう

藤子不二雄Ⓐ｜著
中公文庫コミック版
各686円（第1巻他）＋税

私的読書録　47

角田光代

だ。小説と異なり、読み手はそれらを物理的に「見る」ことができるせいで、彼らとまったく同じものを食べているような気持ちになる。「ンマ〜イ！」と、声を合わせたくなるのである。

私はこの漫画を、「好きなことを仕事にするということは、どういうことか」というひとつのすぐれた職業論として読み、たいへん感銘を受けたのであるが、食、という観点から見ると、またとても興味深くなる。東京にやってきた若い二人は、いろんな「はじめての味」に出合う。先輩漫画家の作る味噌汁しかり、親戚の家で出されるアサリの味噌汁、納豆しかり。仕事を終えたあとの夜鳴きそば、焼酎をサイダーで割った「チューダー」。すでに大活躍し、彼らにとって神さまである手塚治虫が連れていってくれた高級レストランのステーキ。

つい、自分のことも思い出す。仕事をはじめてひとり暮らしをしてから、未知の食べものに私も多々出合ってきた。今ではふつうに入ることのできるレストランだって、編集者に連れられてびくびくと足を踏み入れたりした。友だちが作ってくれる珍妙な料理に感心したり、自分でなんとか料理らしきものを作ってみたり。実家で暮らしていたときとはまったく異なる、食との出合いがあった。食べものは、栄養という面だけでなく、私たちを成長させるのだ。

この漫画で知ってから、私もキャベツの味噌汁を作るようになった。厚めの千切りにしたキャベツのみのときもあるし、油揚げや根菜といっしょにすることもある。キャベツからはじんわりと甘みが出て、やさしい味の味噌汁になる。若い時分によく作ったわけでもないのに、なつかしい気持ちになる。きっと、満賀道雄と才野茂が過ごした時間を、私もともに体験してしまったのだろう。すでにそれは私にとっても「原点の味」なのだ。（角田）

『酒中日記』

『牛肉と馬鈴薯・酒中日記』所収

酒を呑まないで書くと心がふるえる

お猪口を、あるいはウィスキーやワインのグラスを片手に執筆する。かつて文士と呼ばれた種族のなかには、多少の演出を承知しながら写真家の前でそういうポーズをとって見せる者がいて、またそれがえらく様になっていたりしたのだが、下戸の私は、アルコールが入ってほんとうに頭が働くのだろうか、いくら酩酊のなかで綴った詩や文章であっても、酒が抜けたあとか校正の段階で見直して多少の手を入れるはずだから、文字通りの「酒中」の執筆なんてありえないのではないか、と疑わしく思っていた。もちろん飲酒と詩作が渾然一体になっている詩人や歌人は過去にいたし、二十一世紀のいまでも、原稿を渡せばあとは全部編集者に任せていっさい手直しをしない小説家や、飲みながら書き、ゲラを前にしてなお酒を飲み続けているような物書きがいるかもしれない。しかし、それはあくまで例外である。飲中、飲後、もしくは酔中、酔後に吐き出した言葉も、それを活字にする場合には、最低限の体裁が整うような調整をしているはずなのだ。

作家でもなんでもない男が表現手段として書くことを選び、しかも飲みながら文字を綴った例もある。たとえば国木田独歩の『酒中日記』は、大河今蔵という男が遺した日記の体裁をとっていて、彼の死後、それを手にした記者と称する人物によれば、「実際彼の筆を採る必ず酔

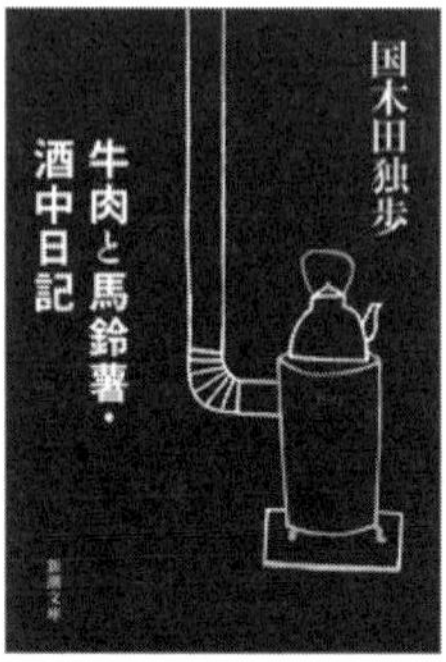

国木田独歩｜著
新潮文庫　550円＋税

堀江敏幸

後に於てせるをや」ということらしいのだが、作中人物が酒を飲みながら書いた日記として発表している独歩自身の校閲は、まちがいなく入っている。

とはいえ、明治三十年五月三日にはじまる大河今蔵の日記は、たしかに酒の勢いを借りなければ吐き出せないだろうと思わせるほど、苦く切ない。胆汁を絞り出したような内容で、もう初日から、「酒を呑んで書くと、少々手がふるえて困る、然し酒を呑まないで書くと心がふるえるかも知れない」と記しているほどだ。瀬戸内の小さな島に流れ着き、そこでお露という女性と仲良くなって、島民からも愛され、いっしょになったらどうだとけしかけられながら、彼はどこかに闇を抱えている。日記のなかで、彼はその闇の元になった五年前の事件をほぼ時系列にたどり、現在につなぎあわせる。当時といまと、なにがちがっているか。酒である。「あの頃の自分は真面目なもので、酒は飲めても飲まぬように、謹厳正直、いやはや四角張た男であった」。そしてさらに言う。「嗚呼！　何故あの時自分は酒を呑なかったろう。今は舌打ちして飲む酒、呑《のめ》ば酔《え》い、酔《え》えばあの楽しいこの酒を何故飲なかったろう」

酒さえ飲んでいれば、母と妹の理不尽な押しの強さに抵抗できたはずだ、そして、妻と子を失わずに済んだはずだ、と彼は悔やむ。では、その酒ですべてを忘れ、すべてを解決できたのか。それほどに酒は甘く、やさしいものだったのか。独歩の『酒中日記』は、封印された過去からの贈り物である。それがここでじわりと効いてくる。飲酒は、どんなに短くても、覚醒の瞬間の厳しさを教えてくれるものなのだ。（堀）

『骸骨ビルの庭』（上・下）

私たちの幸福は、ひどくシンプルなもの

宮本輝の小説と随筆を、十代の終わりから二十代の前半にかけて、夢中で読んでいた。あるときなんとなく読まなくなって、ひさしぶりに読んだのが『骸骨ビルの庭』。二〇〇九年に刊行された上下巻の小説である。戦後の大阪。二人の青年が、いき場のない孤児たちを引き取って、ひとつ屋根の下、生活をはじめる。成長した彼らの幾人かは、未だにそのビル、骸骨ビルで暮らしている。

彼らを立ち退かせるために雇われた主人公が、その役割を隠し骸骨ビルに住み着くところから、物語ははじまる。あっという間に引きこまれ、上下巻という長さをものともせず一気に読んでしまうのだが、その一気読みの最中、幾度か先を急ぐのが勿体なくなって、ことさらゆっくり、ゆっくり読んだ箇所がある。それは食べものの描写。

骸骨ビルの元住人、戦災孤児として育てられたひとりに、大阪の十三《じゅうそう》で食堂を営む女性がいる。この食堂で供される食事の、まったくなんとおいしそうなことだろう。作者は、味云々を微細に描きこむことをしない。たとえば女主人がする自分の店の説明は「ご覧のとおりの素人料理。きょうは、イワシの梅煮定食とロールキャベツ定食、それに鶏もも肉のワイン煮込み定食がメインですけど、一品料理は和中洋の何でもあり。ハンバーグ、カツレツ、麻婆豆腐、

宮本 輝｜著
講談社文庫　各600円＋税

私的読書録 49

角田光代

酢豚、八宝菜、豚の角煮、上湯スープ、」……と続くのだが、その店が、驚くほどていねいに料理を作っている名店だということが、そのメニュウの羅列でわかってしまう。

主人公は骸骨ビルの住人たちに次第に惹かれていく。彼らはときどき集まって、料理を作り宴会をする。そのなかに、「蒸したじゃが芋のブルーチーズ和え」という料理が出てくる。これが、もう、本当においしそう。そしてこれを作りながら食べながら、彼らの交わす話が、すごい。人はなんのために生まれてきたのか。ローストチキンを食べ、ワインを飲み、蒸したじゃが芋のブルーチーズ和えを食べながら、彼らはそういう話をする。

この小説には、随所に登場する料理とともに、生きていく上での重要事項がちりばめられている。気高く生きるとはどういうことか。それを邪魔する最大のものとは何か。人を幸福にする力というものは、先天的なものか、後天的なものか。

蒸したじゃが芋のブルーチーズ和えは、作り方も書いてある。こんなにもかんたんなのかという驚きは、私たちの幸福というものはもしかしてひどくシンプルなものではないかという発見によく似ている。食においても生においても、真のゆたかさとは何かが、この小説には書かれている。若き日の私がむさぼり読んでいたのは、宮本輝の作品が、そうしたものごとをじつにストレートに教えてくれたからだろう。二十代の半ばから一時離れたのは、そういうことと向き合いたくなかったからだろう。そうして今また、私はこの作者の小説と、若き日のようにではなく、向き合いたいと思っている。蒸しただけのじゃが芋を癖のあるチーズで和えた料理を、きっと若き日の私はおいしいと思えなかったはずだ。

(角田)

『豆腐屋の四季　ある青春の記録』

人生は、大きく動き出す。豆腐がぐらりと揺れるように

　子どもの頃、自転車や原付でやってくる豆腐売りのおじさんからよく豆腐を買った。夕餉の支度の前に短いラッパの音が聞こえると、隣近所の顔見知りが思い思いの容器を持って通りに出てくる。ハンドルを握り、小銭を漁ったその手を、おじさんは堂々とブリキの缶に突っ込んで、ぷるぷる震える豆腐を一丁さっと掴み出す。衛生的にどうかな、とさもしい子どもは首をかしげたりしたけれど、味の方はスーパーで売られているパックの豆腐とは比較にならないほどおいしかった。

　のちに東京でひとり暮らしをするようになってからも、豆腐屋を見つけるたびに迷わず一丁買い求めた。自家製の豆腐を売り歩くようなひとはもういなかったが、私が住んでいた界隈には、幸いにもまだ手作りの豆腐屋が残っていた。余っていれば、おからも買ってお腹がはち切れるくらいの炒り煮をつくり、そればかり食べていたこともある。

　松下竜一の『豆腐屋の四季　ある青春の記録』を講談社文庫の新刊で手に取ったのは、その時分のことだ。昭和十二年、大分県中津市に生まれた松下竜一は、幼少時に高熱で右目を失明し、十七歳のときには肺結核になって、高校を四年がかりで卒業した。療養しながら翌年の大学受験を準備中、母親が急逝したため、彼は文学への夢を封印して、やむを得ず家業の豆腐屋を手伝いはじめる。どんなにやっても老父のようには豆腐が固まらず、自暴自棄になる日々。

松下竜一｜著
講談社文芸文庫　1600円＋税

私的読書録 50

堀江敏幸

彼を救ったのは、新聞の投稿歌壇だった。昭和三十八年、最初に詠んだ歌が入選を果たす。

「泥のごとできそこないし豆腐投げ怒れる夜のまだ明けざらん」

豆腐屋の青年は卸先の食品店の、まだ中学生だった少女に想いを寄せ、彼女を将来の妻にしたい、しよう、と心に決める。投稿歌には、この古風と言ってもよい純真な恋の進展が、そのまま読み込まれていった。地方の豆腐屋の青年の心の動きを、選者も読者も、歌を通して追っていた。

ながい春が実ったのは、昭和四十一年。二十九歳と十九歳。結婚の祝い返しに、彼らは入選歌を中心に『相聞』という小さな歌集を編んだ。七十部刷って親族に配ると、十一部が残った。ふたりには友だちもいない。妻は、このまま眠らせておくより、誰かに読んでほしいと考えて、希望の方に差し上げますと新聞に投書してみた。ふたりの人生は、そこから大きく動き出す。丁寧につくった豆腐がぐらりと揺れるように、箸をたぐって一枚ずつ揚げる油揚げがふいに大きく撥ねるように。

もっとも、日常がそれでぶれたりすることはなかった。豆腐をつくり、丹念に油揚げを揚げる。未明からつづく単純作業のなか、疲れ切った身体を睡魔が襲う。そのようにしてできあがったのは、油揚げだけではなかった。油にまみれることのない、澄んだ詩もそこから立ち上がっていた。

「あぶらげを揚げつつ見ゆる朝の辻小鈴鳴らして園児ら渡る」

油揚げを、豆腐を、だいじに食べよう。そう誓ったのは、こんな歌を知ってからのことだ。ただし、松下竜一は昭和四十五年に豆腐屋をたたみ、作歌も止めて、弱者に光を当てるノンフィクション作家へと舵を切った。（堀江）

付録

私的読食録100回記念対談

前篇

本を選ぶのは大変だけど、探し出せないときにどうするかが面白い

前篇

堀江　この連載、もう100回なんですね。第1回が2007年だから8年前。
角田　えっ、もうそんなに経っていますか。すごーい！　よく頑張ってますね、私たち（笑）。
堀江　角田さんが書かれた第1回が『向田邦子の手料理』[*1]でしたから（注：掲載当時。本誌収録時、『父の詫び状』に加筆・修正）、あっ、こういうのでいけばいいんだと思って、僕が最初に書いたのが内田百閒の『御馳走帖』[*2]こういう料理の本を挙げていけば、二人で毎月交代に一年書いてちょうどいいなと。それがこんなに長く続いてしまって。
角田　本を選ぶのが大変ですよね。
堀江　角田さんはどういうふうに選んでいるんですか。
角田　最初の頃はテーマは自由でしたけど、そのうち「次はカレーと韓国料理特集です」とか教えてくれて、それに合わせて本を選ぶようになったんですよね。
堀江　それで、僕は酒を飲めないのに酒とか居酒屋の特集にばかり当たるんですよ（笑）。角田さんはパンとかカレーとかでいいなぁ、これ、わざとやってるんだろうなと。
角田　特集を教えてくれるようになってから、ちょっとだけ本を探しやすくなりました。でも、特集のテーマを聞いてパッと本が浮かびますか。
堀江　浮かびません。数年前の焼鳥特集のときは、どうしても思い浮かばなくて。仕方なくパスして、サブテーマのチキンライスの本[*3]を扱ったこともあります。
角田　テーマを指定されても、それを書いて

いる人がいないんですよね。でも、やっぱり堀江さんは本の守備範囲が広いです。私は堀江さんのような備蓄した知識がないので、たとえばパスタの特集に繰り返し当たると探すのが大変で。何号か前にアントニオ・タブッキの『土曜日の午後』*4を挙げたんですけど、この人の本も初めて読んだんです。そういうの、けっこうあるんですよ。

堀江　パスタだったらイタリアの作家の小説には絶対出てくるから、僕は手持ちの本を探せばいいんだけど、なぜかパスタは絶対に回ってこない。

角田　ハハハ。

この連載のために、本に出てきた料理をメモしているんです

堀江　もう一つ、最初の頃は「読者がすぐ読めるように新刊書で」という縛りもあったでしょう。僕の本棚はほとんど古本だから、新しい本ってすぐに浮かばないんです。古い本でも読み返すと、記憶と全然違うことが書いてあったりして。

角田　本当に覚えてないですよねえ。

堀江　角田さんが連載の最初のほうで『小公女』*5を紹介したとき、「本に出てくる食べものというのは、読むことでしか食べられないのだ」と書いているでしょう。この宣言で、僕は楽になったんです。「これ、まさか実際に食べる人いないだろう」みたいなヘンな食べ物を書いている本でも扱っていいんだと。

角田　何でもありだって（笑）。

堀江　あとdancyuはまずいものを扱ってはいけないと思っていたんですけど、角田さんのはけっこう「まずい」という言葉が出てくる。

角田　ハハハ。

堀江　こんなにおいしくなさそうな描写はない、だけど、いい本だとか。読書案内だから、それでいいんですよね。ただ僕は外ではほと

前篇

んど食べないので、外食の記憶に合わせたりするほうが大変なんです。

角田　そうなんですか。

堀江　本を決めるとき、優秀な助手にリサーチしてもらったりすれば楽なんだけど、それをやってしまうと面白くないんですね。探し出せないときにどうするかが面白い（笑）。角田さんも僕も、お互いに苦しんでるのがわかる。でも、角田さんの忙しさは僕の比じゃないから、よくこんなに読み返す時間があるなと思いますよ。

角田　私、この連載のために、最近は本に出てきた料理を全部メモしているんです。

堀江　それは考えたことあるけど、なかなかできない。そうか、やらなきゃいけないですね。

角田　でも、メモしておいても、特集でそれをやってくれるとは限らないから、無駄がいっぱいあります。

堀江　じゃあ、僕は酒の話ばかりメモしておこう。

角田　根に持ってますねえ（笑）。

堀江　あ、一度だけ、奇跡の回があったんです。餃子の特集と聞いて、片岡義男さんの『洋食屋から歩いて5分』*6でコーヒー牛乳を飲んでから餃子を食べに行く話を書いたら、サブの特集がコーヒー牛乳で、知らずに二つとも書いてしまった。

角田　すご〜い！

堀江　われながらうれしかったですね。

角田　私も次の号がお菓子特集だと聞いて、『ぐりとぐら』*7のカステラの話を書いたら、特集のトップがカステラだったことがあります。

堀江　それもすごいですね。

日本の料理本が素晴らしいのは命令しない、平叙文で書いてあること

角田　連載を読んでいて、堀江さんがお料理

されるのが意外でした。今でもしますか？

堀江　今はほとんどしません。僕、完全にボーッとしてるんで、ひどいことが起きるんですよ。調味料を間違えるとかいうレベルじゃないんです。うまく説明できないけど。

角田　昔、フランスに留学していたときに料理をしたとか、何か食べたとかいう話が出てくると、ワクッとします。私は大好きなんですけど、レシピ本は読みますか。

堀江　勉強のためにフランス語のレシピ本を読んだことはありますね。でも、全部命令文で書いてあるんですよ。「塩をふれ」とか。二人称の命令文の活用が全部揃っていて勉強しやすいから、テキストで使っていたこともあるんですが、だんだん嫌になってくる。日本の料理本が素晴らしいのは命令しない、平叙文で書いてあることです。

角田　アハハハハ。

堀江　小林カツ代さんの本とか、飾り気がないのがいいですね。

角田　私は新しい料理本が好きなんです、流行り物が（笑）。塩麹や蒸し料理が流行ったり、料理家の方もどんどん新しい人が出てきて話題をさらっていく。それは一通り見ます。今だと、常備菜が流行ってますね。

堀江　買う決め手は何ですか。

角田　パラパラパラッと見て、つくりたいものが何個あるかですね。

堀江　読んでつくってみるんですか。

角田　一通り読んで、つくります。

堀江　それは素晴らしい。

＊1　私的読食録75『向田邦子の手料理』P162
＊2　私的読食録2『御馳走帖』P10
＊3　私的読食録18『チキンライスと旅の空』P42
＊4　私的読食録97『土曜日の午後』P206
＊5　私的読食録11『小公女』P28
＊6　私的読食録86『洋食屋から歩いて5分』P184
＊7　私的読食録87『ぐりとぐら』P186

『お好み焼き無情』『春情蛸の足』所収

そうか、お好み焼きはいかがわしいからおいしいのか

関東生まれ、しかも昭和育ちだと、お好み焼きにはさほど縁がない。昼ごはんや夕食に出てくることはまずないし、かといって、外食するようなものでもない。私がはじめてお好み焼きなるものを食べたのは、小学校三年生のとき。理由は忘れたが夜に隣家に預けられ、そのとき食べさせてもらった夕食が、お好み焼きだった。「お好み焼きの素」で作るお好み焼き。夜更けまで預けられた理由は忘れたのに、お好み焼きのことはありありと覚えているのだから、衝撃だったのだろう。「素」ではない、ちゃんとしたお好み焼きをはじめて食べたのは高校生になってからで、通学路にできた「大阪風お好み焼き屋」に学校帰りに寄るようになった。

　このようにお好み焼きデビューが遅いと、お好み焼きは分類不可の不思議な食べものになる。昼ごはんにはちょうどいいが、昼間に営業しているお好み焼き屋は少ない。夕食ではもの足りないが、酒のつまみとしては少々重い……。いつ食べるのがちょうどいいのか？

　田辺聖子の小説『お好み焼き無情』を読むと、ああ、関西の人とはかくもお好み焼き観が異なるのだなあと、思い知らされる。大阪生まれ大阪育ちの中年男、吉沢はお好み焼きのファンで、昼にも食べるし、夜にもひとりでふらりとお好み焼き屋に立ち寄る。が、同居している「大阪ニンゲンではない」義母は、「人前でオトナの食べるもんちがいます。品の悪い」と断じ

田辺聖子｜著
講談社文庫　600円＋税

私的読書録 51

角田光代

る。

しかし吉沢のお好み焼き愛はすごい。ナイフとフォークで食べるものなんて言語道断。気に入りの店は二軒あれど、そのどちらも何かが違うと思っている。このちいさな違和感は、お好み焼きを下品と断ずる義母と妻、マヨネーズ料理をおいしいと食べる娘のいる家庭に感じる、かすかな違和感と似ている。

そうして吉沢は、ついに理想のお好み焼きにめぐり合う。この描写の、なんとくるおしくおいしそうなことか。お好み焼きにあまり思い入れのない私でも、今すぐ食べなくてはならぬような、急いた気持ちになる。しかも、お好み焼きの持つ「いかがわしさ」への言及は、この作者でしかできまい。そうか、お好み焼きはいかがわしいからおいしいのか、と深く納得させられる。

味覚が男女の仲に影響すると描く小説やエッセイや漫画はこのところ多く、それらに照らし合わせれば、お好み焼き屋の女主人と吉沢は恋に落ちそうなものだが、作者はそうはしない。何か違うと思う家庭に、吉沢をきちんと帰すのである。「情」とはまさに、味覚が合うから相性が合う、合わないから別れる、といったような、白黒はっきりした何かではないのだ。

この短編小説がおさめられた短編集『春情蛸の足』であるが、どの小説も男性が主人公で、おでんやきつねうどんといった、だれもが食べたことのあるごくふつうの料理が、お好み焼き同様じつに魅惑的に描かれている。日常の曖昧さ、人が内含する理不尽さ、愛にも恋にも、憎悪嫌悪にもならぬ、もわもわとしたあいまいな感情、そうしたものを、食べ物の、いや、食べ物しか放つことのかなわない、やわらかくあたたかく猥雑な湯気で、じわりと包んでしまう、そんな短編小説が詰まっている。


(角田)

『ニューフェイス』『坂口安吾全集06』所収

腕自慢、江戸前トンカツ、千鳥足

緑豊かな谷間に位置する文化施設を訪ねて、快適な時間を過ごした。休日でありながらなぜか閑散としていて、前後左右にたっぷり余裕があったおかげで、ひとの頭でなにも見えずに心がささくれ立つようなことは一度もなかった。残念なのは、そこが駅から微妙に遠かったことで、徒歩だと十五分ほどもかかる。行きは楽しいからいいとしても、二時間立ちっぱなしで展示を観たあとの、棒のようになった足でまた起伏のある道を歩くのは、ちょっときつそうだった。そこで帰途はバスを利用しようと調べてみたら、交通案内のちらしに、「駅方面にお帰りになる場合、バス停のスタンドがありませんが、道路反対側の《とんかつ屋》の前でお待ちください」と刷られていた。

ひさしぶりに胸が高鳴った。とんかつ屋の前の、なんの目印もない幻の停留所にそっと横づけされ、またしずかに動き出す路線バス！　これはなんとしてもそのバスとんかつ屋の双方を自分の目で確かめねばなるまい。ところが情けないことに、生来の方向音痴がたたってびっくりするほど単純な道筋をたどることができず迷子になり、やみくもに歩いているうち出くわしたタクシーに頼らざるを得なくなってしまった。

蕎麦屋よりも構えが暗く、中華料理屋より敷居が高い町の小さなとんかつ屋というのは、行

坂口安吾｜著
筑摩書房　品切れ

私的読書録 52

堀江敏幸

きずりの人間には案外入りにくいものだ。じじつ、もう十年以上住んでいる町の、いつも前を通っているとんかつ屋にすら、一度も入ったことがない。私にとって町のとんかつ屋はつねに幻の存在であり、だからこそ、バス停がわりのとんかつ屋は幻の二乗とも言うべき美しさで心に迫ってきたのである。

そんな人間にも、覚悟を決めて入ってみたいと思わせる店がひとつある。坂口安吾の短篇『ニューフェイス』に登場する、「前頭ドンジリの千鳥波五郎が廃業して」はじめたトンカツ屋だ。「とんかつ」と「トンカツ」では衣の歯ごたえも肉質もちがうような気がするのだけれど、表記の問題はこの際どうでもいい。店を開くにあたって、波五郎はなじみの紺屋に暖簾を注文する。届いた品には、こう染めてあった。「腕自慢、江戸前トンカツ、千鳥足」

波五郎は腹を立て、誰がやったのかと仲間たちを問い詰める。犯人の紺屋は口を割るかわりに、黙ってべつの暖簾を染めてきた。だから店名は千鳥足ではなく原案に戻ったのだが、トンカツ屋とはいっても実情はどうやら飲み屋で、店にやってくるのは力士時代からのごひいきたちばかりである。飲んでいる場面はあるのに、肝心のトンカツの描写はどこにもない。いったい、どんな味なのか。友人の質屋は、先のいたずら暖簾を見てこう話していた。

「江戸前トンカツ、これが、いい。ヤンワリと味があるね。サルトル鮨なんてえ店をはじめやがったら絶交しようなどゝヨリヨリ申し合わせておりましたよ」

この短篇が書かれたのは、昭和二十三年。実存主義が大流行していた頃だ。そんななかにあって堂々と江戸前をうたう千鳥波の、惹句にも似た「ヤンワリ」と味のあるトンカツを、私はいつか、幻のバスに乗って食べに行こうと夢見ている。（堀江）

『カレーソーセージをめぐるレーナの物語』

胸が張り裂けるようなこと、もうだめだと思うこと

ドイツにはカレーソーセージなるものがあるらしい。そのことを私は小説『カレーソーセージをめぐるレーナの物語』で知った。この小説の舞台は終戦直前の一九四五年のハンブルグ。ひとり暮らしの中年女性レーナはある日、自分の息子でもおかしくないほど若い兵隊と知り合う。海軍から対戦車部隊に配置換えになったと嘆くその青年を、レーナはごく自然に家に連れ帰り、それから彼をそこにかくまうことになる。ある日、戦争は終わる。しかしレーナはハンブルグ降伏を脱走兵に伝えることができない。伝えれば彼は妻と子どもの元に帰ってしまう。いっさいの情報をレーナは遮断するのだ。けれどあるとき、忽然と彼は姿を消す。

この小説は、今や八十歳を超えたレーナを、語り手が訪ねて話を聞くという体裁で進んでいく。かつてカレーソーセージの屋台を営んでいたレーナに、その誕生秘話を語り手が聞き出していくのだ。

若い脱走兵と暮らした二十七日間、短く濃い時間、そして彼女の不幸な結婚生活、戦争、そうしたものがひとつでも欠けていたら、「たしかに辛いけれど、ただ辛いのではなく、どこか水気をたっぷり含んだ果実のような芳香を持つ辛さ」のカレーソーセージは誕生しなかった。読み終えると、カレーソーセージなるものが無性に食べたくなる。訳者によるあとがきには、

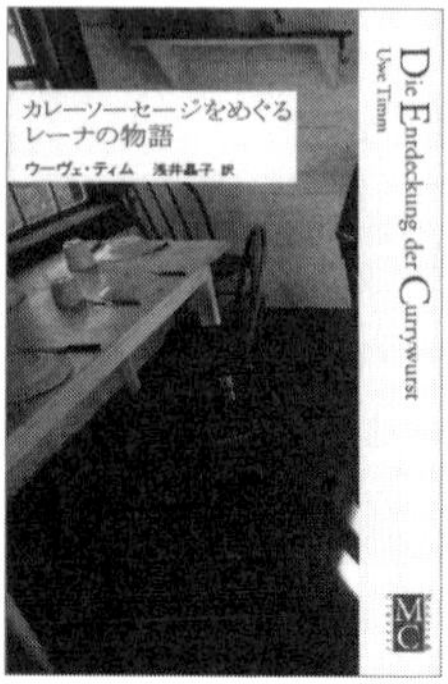

ウーヴェ・ティム｜著
浅井晶子｜訳
河出書房新社　品切れ

角田光代

日本でいえばそれは「さしづめたこ焼き」と書いてある。

これを読んだ数年後、ベルリンを訪れる機会を得た。日本語を流暢に話す青年と知り合いになったので、カレーソーセージはどこにいったら食べられるのかと訊いた。彼はきょとんとした顔で、「そんなの、どこにでもあるよ。でも、なんでそんなものを食べたいの？」と訊き返した。たしかに、日本を旅する外国人が、たこ焼きを食べたいと言ったら、私も奇妙に思うだろう。鮨でも蕎麦でもなく、たこ焼き？　と。

ソーセージを示すドイツ語、ヴルスト（wurst）を覚えると、たしかに町のあちこちにその文字を掲げた店がある。洒落たファストフード系の店から、いかにも古びたスタンド形式の店まで、さまざまである。ベルリン動物園近くの立ち食いソーセージ店で、胸を躍らせてカレーヴルストとビールを頼んだ。ソーセージに、カレー粉とケチャップを混ぜたものがかかっている。それだけである。けれどこのソーセージを口に含んだら、そのジューシーな肉汁とカレーのスパイシーさ、ケチャップのすっきりした甘さとともに、レーナの、あの長い長い物語が一気に口いっぱいに広がって、泣きそうになった。もちろんこれは小説なのだけれど。

胸が張り裂けるようなこと、もうだめだと思うようなこと、だれかをがむしゃらに愛したこと、何にもつながらなかったこと、無駄に思えるようなことでも、その人生の一瞬の奇跡につながっている。「庶民の味の代表」を食べながら、そんなことを思ったのだった。（角田）

『ゴーヤの丸かじり』

『パンの耳の丸かじり』所収

幻のツルレ石を囓るよりも大変

ツルレイシという音を耳にしたとき、それを然るべき意味に転換できなくてしばらく混乱した。ちょうど鉱物の本を読んだあとだったからかもしれない。聴覚がまず反応したのはイシの部分で、当然そこには石という漢字が当てられる。では、ツルレとはなんなのか。それがわからなかった。おおかた他に正式な学名があって、これは産出地で親しまれている呼び名なのだろう。混乱は根拠のない類推によって瞬時に回避され、私はまたべつのことに心を移し、約束の場所に身体も移した。会食があったのである。数人で円形の回転テーブルを囲み、中華料理を楽しみながら四方山話をした。最後にデザートが出たとき、参加者のひとりが、あ、レイシーか、とつぶやいたのを、私は聞き逃さなかった。

出されたものを見れば、それがふだん私がライチーとして親しんでいる果物と同義であることは疑いようがない。気になって周りに尋ねてみると、レイシーと呼んでいたのはその人物だけで、残りはライチー派だった。近頃はこういうとき、だれかがかならず電子機器を持ち出して問題を解決しようとする。板状の機械が示すところによれば、レイシーとライチーはもちろんおなじもので、漢字を当てると茘枝。そこまで説明されて、ようやくひらめいた。ツルレイシって、言葉はあるかな。即答に近かった。蔓茘枝、すなわち蔓状に伸びた枝になる、あのイ

東海林さだお｜著
文春文庫　486円＋税

私的読書録　54

堀江敏幸

グアナのようなぼつぼつに覆われた緑色の野菜、要するに苦瓜のことであり、沖縄の言葉で言えばゴーヤになる。鉱石ではなかったのだ。

かつて都内のスーパーには、ゴーヤなんて売られてはいなかった。苦瓜という名称でも見かけなかった気がする。それが、ある時期を境に、急に親しみのあるものになった。いまでは食用どころか遮熱対策に使われているほどの普及ぶりだ。豚肉、スパム、魚肉ソーセージ。なんでもいいけれどちょっと塩気のある肉類に豆腐と卵があれば、基本的なチャンプルーができる。しゃきっとした苦みのある具として、ゴーヤは唯一無二の味わいだ。見かけどおりなのか、見かけとちがってなのか、とにかく気に入ると何度でも食べたくなる。天麩羅にしてもおいしいし、ゴーヤ茶も味わい深い。この三つで私は満足してしまって、他の食べ方にまで想像が及ばなかった。

だから、『ゴーヤの丸かじり』と題された東海林さだおのエッセイを読んで仰天した。あれを生で種ごと嚙るなんて、幻のツルレ石を嚙るより大変なことである。東海林先生は、果敢に挑む。「あー、決行のときがきた。／かじります。かじりました」。おすすめしません、という結論に到るまでの、短いけれど迫真のレポートがここには記されている。私にはまだ、それを追体験する勇気がない。（堀江）

『ティファニーで朝食を』

私たちのだれもが、できないことをしている

旅館やホテルの朝ごはんが、私はたいへんに好きである。あらかじめ食卓に並べられた品数の多い朝食もいいが、バイキングもいい。夕食より、わくわくとする。いつか、こんな豪華な朝ごはんを自分でも用意できるような暮らしをしたいなあと思ったりする。

最初『ティファニーで朝食を』というタイトルを見たとき、ティファニーってなんだろう?と思った。そのころ私はまだ、そういう名の宝飾店を知らなかった。

大人になって、ティファニーがあの（同世代の女子たちの多くが持っている）オープンハートのネックレスを売る高級宝飾店だと知ったときも、違和感がぬぐえなかった。二十代の私にとって、その店は入店するのにすら勇気の要るところだったから。この小説を長いこと読まなかったのは、たぶんその違和感のせいだろう。

この小説の語り手は小説家志望の男性だが、彼の、というよりは、ホリー・ゴライトリーという風変わりな女の子の小説である。「本物のまやかし」であるホリーに、きっとだれもが魅了されることだろう。自由で、粗野で、正直で、嘘つきで、自立していて、うつくしい。そのホリーは、「いやったらしいアカに心が染まるとき」、マリファナもアスピリンもさほど効果はなく、「タクシーをつかまえてティファニーに行く」ことがいちばん効果があったと話す。も

トルーマン・カポーティ｜著
村上春樹｜訳
新潮社　1200円＋税

しそういう場所が現実の世界に見つかれば、そこで腰を落ち着けて暮らすのに、と。

朝食というのは日常なのだなと、ふと思う。ランチや夕食は、ときに非日常である。友だちや家族と評判の店にいったり、高級店にいったりすることもある、という意味でのささやかな非日常。けれど多くの朝食は日常だ。起きて、歯を磨いて顔を洗って、そうしてもそもそ用意するもの。私がホテルや旅館の朝食にわくわくするのは、それが非日常だからだ。

ホリーが魅力的なのは現実から逃げ続けているからだ。生活につかまらないからだ。私たちのだれもが、できないことをしているから惹かれる。

朝食とタイトルにあるが、この小説には料理はほとんど出てこない。早朝のバーで語り手とホリーは朝食をとらずマティーニを飲んでいる。登場する料理は、ホリーが「家庭生活に対する強い興味」を持ったときに作る、風変わりだったり奇をてらったり新趣向だったりするものだ。そう、この小説は、日常の料理のにおいより、非日常の酒のにおいのほうがよく似合う。

いくつものうつくしいシーンを読みかえすたび、今生活を引き受けてホテルの朝食にわくわくする私も、生活や現実をいっさい背負わず、あるいは背負っていないと錯覚して、友だちや恋人と酔っぱらって夜から夜を走りまわっていたときがあったなあ、などと思ったりする。

読者の内でホリーは決して年をとらず、南米を、アフリカ大陸を、世界じゅうを駆け巡っている。私たちのかわりに。（角田）

『お裾分け』『自分の羽根 庄野潤三随筆集』所収

人品卑しからぬ自分を確認するための試金石

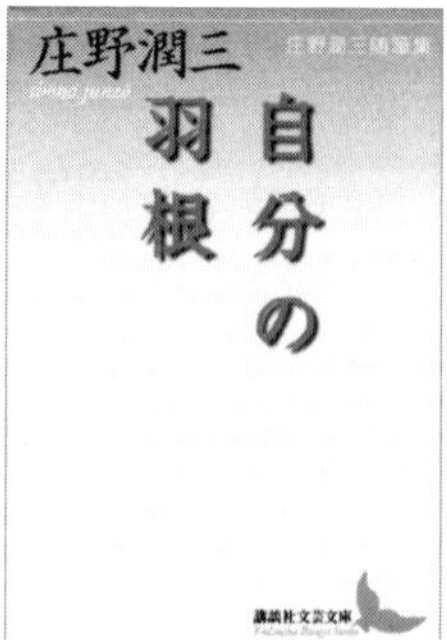

庄野潤三｜著
講談社文芸文庫　1400円＋税

資源のない日本という表現が耳を掠《かす》めるたび、特産物のない東京と言い換えたくなる。むろんこれは不正確で、東京にはあちこちに「名物」があり、複数の「元祖」があり、ここでしか買えないという食べものが山のように存在している。けれど、話はそう単純ではない。江戸前の魚だって地場の野菜だって獲れるのに、多くの場合、食材は外から内へと入ってくるからだ。自分で買うだけではなく、東京の人間は血縁・友人関係の網の目でたいてい地方とつながっているので、なにかと頂きものをする。田舎の親が、外国に住む友人が、旅行に出かけた友人が、都に住む者たちを憐れみながらああだこうだとありがたい理由をつけて、年に一度くらいお届けものをしてくれる。

困るのは、ひとりでは、あるいは一家族ではとても食べきれない量が送られてくる場合だ。これはどうしても無理だと冷静に判断したあとは、賞味期限切れになって棄てるのは惜しいので、だれかに譲ろうと考える。世に言う、お裾分けである。余りそうなぶんだけちまちまとより分けるのではなく、いっそ気前よくどんとあげてしまおうという境地には、残念なことになかなか達しない。労せずして手に入れた到来物なのに、いざ他人に分け与えようという段になると、それが無料であるからこそかえって惜しくなったりするものらしい。せっかく自分宛て

私的読書録 56

堀江敏幸

に届いた品を、どうしてわざわざ送り主の顔も名前も知らない第三者に振り分けなければならないのか。それが好物であれば、だれだってそう思うだろう。

庄野潤三に『お裾分け』と題された文章がある。房州鴨川にいる友人から送られてきた好物のわかめとひじきを、大阪の兄のところにお裾分けする。その包みをつくるのだが、どのくらい分けたらいいのか判断がつかず、心の広さより「吝嗇《りんしょく》の程度を試されている」気分になってくる。お裾分けは、人品卑しからぬ自分を確認するための、試金石なのだ。

「私がわかめとひじきをなるべく沢山食べたいというのは偽わりのない心であるが、そのわかめとひじきを兄夫婦の家へ送ってやりたいという気持にも偽わりはない。つまり、どっちも本当なので、迷いを生ずるのが当り前なのだとも云える。これでいいのだ」

その結果、作家は妻とともに誠実に悩み、苦悩を乗り越えて包みを完成させる。この短い随想に、食べる場面は描かれていない。そのかわり、わかめとひじきを別々の袋に分ける際の「掌につかむ時の感触」が「何ともいえず、よいものだ」と記されている。さらさら、かさかさした乾きものが、このわずかな記述によって口に入れてもいないのにふわりとふくらみ、文字のあいだから磯の香りがしてくる。真の意味での味のお裾分けとは、たぶんこういうことなのだろう。

『きみよ、幸せに』『恋はさじ加減』所収

男はみんなポテトサラダが好きなんだ

平安寿子《たいらあすこ》さんの短編小説集『恋はさじ加減』におさめられた『きみよ、幸せに』は、なんともおいしそうなポテトサラダのレシピ描写ではじまる。しかもそれを、そのままではない、食パンに挟むのである。なんと魅惑的！

このポテサラサンドは、語り手である美果の恋人、光洋のソウルフードである。おおらかで単純で人のいい光洋との交際に、なんとなく倦《う》みはじめた美果の前に、あらたな男性が出現する。年下の水道屋、フミオである。こちらは光洋とは正反対、謎めいていてとらえどころがない。このフミオであるが、ポテトサラダが好きかという美果の質問に、ソースをかけて食べるのが好きだと答える。ポテトサラダにソース。美果はだんぜん試してみたくなる。

ポテサラサンドと、ソースがけポテトサラダ。目新しいのはソースがけだ。ある種の女性は、保守より革新を、わかりやすいものよりとらえどころのないものを、既知のものより未知を選ぶ。美果もまた、そのひとりである。

この小説のなかに、光洋のせりふだが、男はみんなポテトサラダが好きなんだ、という言葉がある。曰く、「その証拠に、定食屋、居酒屋、コンビニなど、男が食を購う場所には必ずポテトサラダがある」。

平 安寿子｜著
新潮文庫　品切れ

私的読書録 57

角田光代

なるほど、とうなずいてしまう。男性はこと食にかんして、未知を嫌う。パクチーやアーティチョークはまず敬遠するし、タリアテッレとかセン・ヤイなどと聞き慣れない名前を聞くと不安そうな顔をする。ポテトサラダ、というのは、カレーやラーメンとともに、既知料理の王道であろう。さらに、カレーやラーメンは、インド系になったり四川系になったり、未知方面へいく場合もあるが、ポテトサラダにはそんなことがない。まさにこの小説のなかで光洋は、ソース派のフミオと遭遇して口論になり、ポテトサラダは日本料理だと言い放つ。

古くさい概念を疑わずに持ち、自身のこだわりを持ち、その概念とこだわりにしがみつくタイプの男の人は未だにいる。光洋はまさにそんなタイプなのだが、どこか憎めないのは、人の弱さもだめさもずるさも肯定しようとする作者の姿勢の故だろう。

この短編集のほかの作品にも食べものが登場するが、バターごはんだとか、カレーうどんとか、たまねぎとか、はたまたヤモリとか、色っぽくない、お洒落でもないものばかり。それらにまつわる男と女の、やっぱりお洒落でもない、エロチックでもない、しかし一筋縄ではいかない関係が描かれる。読んでいると、恋愛というのは、じつに珍妙で滑稽なつながりをいうのではないかと思えてくる。その珍妙さ、滑稽さをも、この一冊はまるごと肯定していて、読後は何かたのもしいような気持ちになる。これは、そうだ、あれに似ている。ひとりでこっそりおいしいと思っている禁断の食べものを、とても近しい人から「じつは私もそうして食べるのが好き！」と言われたときの、あの感じ。私の場合だったら、そうだな、残りものの味噌汁に卵を落として半熟状にして、それをザバッとかけたごはんかな。（角田）

『鶴鍋』『久生十蘭短篇選』所収

どうしたって滋味深い

学生時代、必要があって夏休み前に帰省したとき、偶然、地元の新聞で、信長が安土城に家康を招いて開いた饗宴の献立が、当時の資料をもとに再現されたという記事を読んだ。新聞ではなくてテレビのニュースを観たのかもしれない。とにかくお膳の写真が何枚か掲げられ、その献立のひとつに、鶴の肉を味噌で煮込んだ汁物が含まれていた。『続群書類従』にある記録に基づくと明記されていたのだが、鶴を食べるということじたい、なんだか残酷な創作のような気がしたものだ。

しかし再現というのだから、鶴の汁は現実に作られたわけである。比喩としての鶴には痩せぎすで肉の乏しいイメージがあって、食べるなんて想像もできないけれど、そもそも肝心の個体を現代の調理人はどこで手に入れたのか。答えは、献立の説明に記されていた。使われたのはフランス産の鶴だったのだ。私はちょうど留学の準備をしていたので、かの国では鳩や兎や蛙だけでなく鶴も食べるのかと、そこだけ記憶が強調されてしまったのかもしれない。あるいは、久生十蘭の短篇の、こんな一節と呼応していたのだろうか。

「冬木郎《ふきお》が懐手《ふところで》でぼんやりしているところへ、俳友の参亭《さんてい》がビールと葱をさげてやってきて、きょうは鶴鍋《つるなべ》をやりますといった」（『鶴鍋』、のち『西林図』と改題）

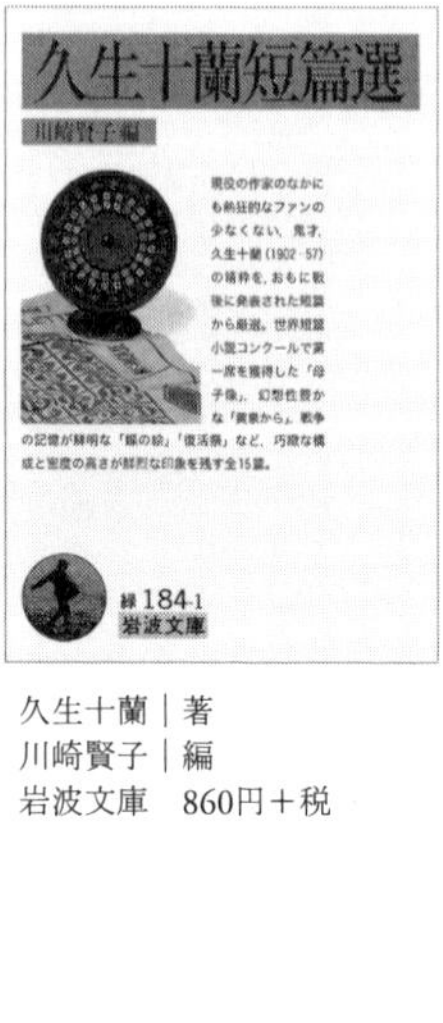

久生十蘭｜著
川崎賢子｜編
岩波文庫　860円＋税

私的読書録 58

堀江敏幸

鹿島というお屋敷の庭の鶴が毎晩飛んできて、飼っている鯉を食べてしまった、その仕返しに鶴をおびき出してひねってやろうという物騒な幕開けである。一九二〇年代から三〇年代にかけてフランスに遊学していた十蘭らしく、参亭には、Sentier つまり、小径《こみち》の意となる仏語が掛けてある。「ヴェルレーヌの詩の中に新しい句境をうちひらこうという、迫害の多い、むずかしい仕事を心がけ、じぶんの俳句の生涯は、人知れぬ孤独な小径だと、絶苦の境界をすでに覚悟しているふうだった」とあるように、ずいぶん「ひねった」俳号だ。その参亭の近作として掲げられているのは、「風よ惜しめ一つこもり居る薔薇の紅《あけ》」。

ふだんはおとなしい参亭が、友人とふたり、大暴れする鶴を押さえ込み、ぐいとつぶして鍋にする。幸か不幸か、物語はそんな展開にはならない。鶴の邸の主人は「むかし欧羅巴で艶名を流した有名な粋人」で、もしかすると美食大国で鶴料理に舌鼓を打ったことがあるかもしれないのだが、十蘭の筆は、参亭が鶴という言葉に籠めた意味を、鹿島老人との艶なる禅とも言うべき問答を通じて明らかにしようとする。

じつは、参亭は老人の孫にあたる冬女《とうじょ》こと滋子《しげこ》に俳句を教えていて、彼女と恋に落ちていたのだった。鯉、すなわち恋を食べた鶴。「こもり居る薔薇の紅」を加えた鶴鍋は、滋子の味なのだ。これはどうしたって、滋味深いものにならざるをえないだろう。（堀）

『血と骨』（上・下）

どんな暴力シーンよりも震え上がる

梁石日《ヤンソギル》さんの小説『血と骨』で描かれる男、金俊平は朝鮮人だが、舞台は韓国ではない。大阪の鶴橋だ。物語がはじまるのは、一九三〇年ごろ。済州島出身の金俊平が、人の脚をその胃袋からのぞかせていたフカを、ばってらにして食べるという、強烈なシーンからはじまる。

金俊平はとにかくめちゃくちゃな男で、この小説ではこれでもかというほどその無謀ぶりが語られる。とにかくおそろしい。最初に読んだとき、おそろしくておそろしくて、だから読みやめられず、私は連続して悪夢を見ていた。一度はその悪夢に金俊平その人が出てきた。もちろん私の作り上げた金俊平にほかならないのだけれど。

この金俊平の異様さを象徴するのに、食べものが巧《うま》くつかわれている。先ほどの、人肉を食べたフカもそうだが、もうひとつ、彼が好んで食すものに「蛆《うじ》のわいた豚肉」がある。

「薄く切った豚肉を一斗缶に一枚ずつ積み重ね、その間にいろんな薬草を挟み、ニンニク、ショウガ、唐辛子、その他の調味料を加えて裏の日陰に保存して」「肉が腐爛するのを待つ」。俊平はドブロクを飲みながら、蛆をふっと吹き飛ばして豚肉を食べる。

どんな暴力シーンよりも、私はこの場面に震え上がる。暴力をふるう男はほかにもいる。すさまじく凶暴な男もいる。けれど蛆のわいた豚肉を食べる男は金俊平しかいない。

梁石日｜著
幻冬舎文庫　各648円＋税

私的読書録 59

角田光代

周囲にいる人たちは、当然ながら彼に振りまわされていく。無理矢理結婚させられた英姫、二人のあいだに生まれた子どもたちがいちばんの犠牲者である。運命とはいったいなんなのか、人生とはいったいなんなのかと彼らの姿を追いながら思わずにはいられない。

それでも俊平が年老いて、周囲にだれもいなくなり、体力もなくなり、愛人にめった打ちされる場面で、胸がすいたりはしないのが、この小説の不思議なところだ。いっそ死んでしまえばいいのにと、彼の子ども同様思いもするのに、弱者になった俊平に、ざまあみろとは思わないのである。悪夢を見るほどおそろしい存在だったのに、かなしみすら感じるのはどういうわけだろう。

一家団欒のシーンなどない。家族揃って食事をする場面など描かれていない。けれど、ずっと食べものの生々しいにおいが立ちこめている。俊平の陰で、ともに助け合い身を寄せ合って暮らす人々の、血ではない、同郷人というつながりが、俊平の冷酷さと対照的に印象深い。

警察で一カ月を過ごして仲間の元に戻ってくるまだ若い日の俊平が、友人の家で久しぶりにキムチのにおいを嗅いだ、という描写がある。この小説に漂っているのはつまりそういうにおいだ。故郷を離れ、運命に翻弄されながら、必死にその日、そのときを生きるしかない、そんな人たちを支える、身に深く馴染んだもの。

移住する人々は移住した先で、頑なに自分たちの食を守る。ソウルフードを守るということは、自分たちの言語を守ることと同じくらいの重みがあるのだと思う。(角田)

『ピザマンの事件簿　デリバリーは命がけ』

もう一度注文してもいいかな

COLD SLICE
L.T.フォークス
ピザマンの事件簿
デリバリーは命がけ

L.T.フォークス｜著
鈴木 恵｜訳
ヴィレッジブックス
品切れ

散歩でよく通る区域に宅配ピザの店があって、その前に四角いボックスを取り付けたバイクがこちらに顔を向けてずらりとならんでいる。折り込み広告の写真にときどき出ている彼らの整列ぶりは、いわゆるレビューの舞台で半身を乗り出すようにして脚線美を競っている踊り子たちを連想させるのだが、実際の列には配達にまわっているものがあるのでところどころ歯抜けになっており、そのあいまから、重心の低そうなバイクの後部を斜めに観察することができる。正面から眺めたときの気品はたちまち消える。荷台の下に取り付けられたふたつの小さなタイヤが、お座りをした犬の後ろ脚に変化する。ピザの宅配を担っているのは、ひととバイクの組み合わせではなく、犬に似た形の、意志のあるひとつの機械ではないか。

一度幻想を抱いてしまうと、なかなかその影響から逃れることができない。雨の日も風の日も、顧客のわがままを聞いて街をひた走る、けなげで勇敢な三輪の犬たち。カーヴでこうむる微妙な傾きへの不安、排気ガスを吸いながらトラックとトラックのあいだに割って入るときのためらいを克服していく彼らの任務は、じつに過酷だ。なるほど、道理で駐車場に残っているのは、ところどころくすんで、疲れの見える個体ばかりである。顔色もあまりよくないし、反応もわるい。正しい保守点検を怠ると、文字通り立ち往生してしまいそうな気配だ。元気にし

私的読書録 60

堀江敏幸

ている他の配達犬たちも、ほんとうは似たような状態かもしれない。二十四時間働いている彼らの奮闘がなければ宅配ピザは存在しない。そして、彼らの命がかかっているかぎりにおいて、その味は保障されているといっても過言ではないのである。

五年ほど前、サブタイトルに惹かれて、『ピザマンの事件簿 デリバリーは命がけ』と題されたミステリを手にした。妻との関係がこじれて自棄になり、大酒を飲んで暴力沙汰を起こしたあげく刑務所に入れられていた主人公が、出所後にピザ店の配達係の職を得るという設定である。これなら美味しそうなピザが登場するにちがいない、賄いピザもありそうだと楽しみに読みはじめたのだが、主人公たちが嬉しそうに頬張るのは、ハムとチーズのサブマリンサンドや「スライストマトとラディッシュと玉葱とマッシュルームを刻んだモッツァレラチーズと和えた大量のサラダ」や「トーストしてバターを塗った丸パンにローストビーフがはさんであり、横に置いたその肉汁につけて食べる」フレンチディップといったものばかりで、ピザはほぼピザとしか呼ばれず、なにがトッピングされていて、どんな味なのか、まったく説明がなかった。原題はCold Slice。作品は、しかしデリバリーならではの、命の保温パックに包まれて、中庸の味を保っている。少なくとも邦題は過大広告ではない。もう一度注文してもいいかなと思って、私はシリーズ二作目も買った。（堀江）

『酒宴』『金沢・酒宴』所収

やっぱりあの、澄んだ酒が飲みたくなる

吉田健一と聞くと、文学者、翻訳者というよりも、随筆家とまず思う。しかも、その随筆は主に飲食のことで、洋酒、洋食について多く書いた人だというイメージがある。ずいぶんな偏り方だと思うが、入り口がそこだったのだ。若いときに読んだものが、留学時代の食にまつわる随筆だったり、洋食、洋酒にかんするものが多かった。むずかしかったり読みづらかったりすることはまったくなくて、年配の人の興味深い話を聞いているような心地よさがあったのだが、ほんの数冊読んだだけで、離れてしまった。たぶん、わからなかったのだ。話は興味深いが、自分からはるか遠い世界のことで、共有も実感もできなかったのだ。

それでも、何か気になっていたのだろう。離れていた期間にも古本屋で気になるタイトルを見かけるとよく買っていて、私の本棚には未読の吉田健一著作物が少なくない。やはりそのすべて、評論などではなく、みなタイトルに飲食にまつわる言葉が使われているものだ。

読みかえしてみて、びっくりである。以前読んだときと、印象がまるきり違う。アイロニカルで軽妙で、ユーモラスな語り口は、依然むずかしくも読みづらくもないが、断然近い。たとえばこの作者は、旅と飲食の独特のつながりについて幾度も書いている。「旅に出る楽しみの大部分は、食べることにあるような気がすることがよくある」「（前略）旅行をしていると、日常生活での三度の食事とは違った意味を帯びてくる」

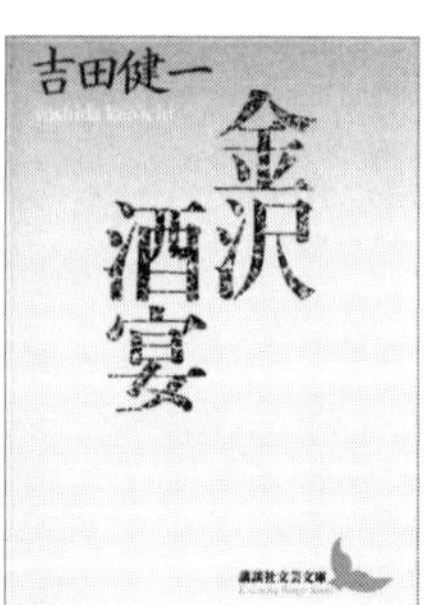

吉田健一｜著
講談社文芸文庫　940円＋税

私的読書録　61

角田光代

三十代半ばを過ぎて、「なんで旅先だといつもより食べてしまうのだろう……」と漠然と思っていたことが、こんなに簡潔に言葉にされている！　と、これらの随筆を読みながら感激する。

そして勝手に抱いていたイメージとは異なり、日本食、日本酒についての作品もじつに多い。私は日本酒に詳しくはないが、読んでいるとやっぱりあの、澄んだ酒が飲みたくなる。

『酒宴』という作品がある。随筆のようにはじまる。銀座の店で向かい合った、灘からやってきた酒造会社の技師といっしょに飲みはじめる。そのまま終われなくなってほかの店に移動する。さてそれからますます終わることができず、そのまま語り手は技師に連れられ灘へいき、延々と酒の席が続く。短い小説はじつにユーモラスにファンタジックに終わる。この作品で書かれている、菊正はこう、初孫はこう、爛漫は、千福は、勇駒は、と次々なされる酒の描写があまりにもみごとで、文字を目で追うだけで酔ったかのような気持ちになる。

今は絶版となっている光文社文庫『酒肴酒』には、丸谷才一の序文がついていて、これを読んで私は膝を打った。そうか、吉田健一が飲んだり食べたりすることが幸福であると書いたのは、文学史における事件であったのか！　たしかに、松尾芭蕉も夏目漱石も口福についてはか書かなかった。と、いうことは、この人がいなければ、もしかして私たちは「読む」ことで味わう快楽を知らなかったかもしれない。㊊

『地上の飯　皿めぐり航海記』

栄養価の高さから言ったら、比ではない

　郷里に近い美濃の山奥では、地蜂の子のことを「へぼ」と呼びならわして、甘露煮にして食べる習慣がある。これが長野の方に行くと、井伏鱒二の随想にあるとおり「すがれ」などと呼ばれて、おなじく甘く煮て食べる。地蜂だけではない。イナゴも食用になる。奥地の農村では不足しがちなタンパク質とカルシウムがまかなえるからだと説明されればなるほどと思うけれど、柔らかくて黒々した虫と細い四肢が伸びているバッタの甘露煮をいきなり差し出されたら、やはり面食らうだろう。季節になると、これらを「珍味」として熱心に採集し、みごとに調理して我が家に持ってきてくれる奇特な人物が近所にいたため、私は幼い頃からその姿に触れてきた。「へぼ」の炊き込みご飯なるものを食したことさえある。主食にしているわけではないにせよ、虫愛《め》づるどころか虫を食べるおじさんたちが、昭和時代にはまだ日常的にいたのだ。

　ところで、草を食べる動物は草食動物、肉を食べる動物は肉食動物という。では、虫を食べる動物はなんというのか。答えは食虫類。図鑑でその名称と特徴を知って、ああ、そうだったか、と深く納得したものだった。というのも、食虫類は哺乳類だが、とても原始的だと記されていたからである。鼻先が出っ張っていて、足の指に穴を掘るとき便利な鉤《かぎ》のような爪と丈夫な歯がある。おまけに夜行性のモグラ目。宵っ張りで言動が原始的であるばかりか、爪も余り

中村和恵｜著
平凡社　1600円＋税

堀江敏幸

切らず、砂遊びが好きだった私の特徴は、食虫類とみごとに合致しているではないか。

そんな話をあるひとにしたら、虫は肉なのか野菜なのか、と搦《から》め手から反応されて答えに窮した。栄養価の高さから言ったら、虫は野菜の比ではない。立派な肉に匹敵する種もいるらしい。先日、中村和恵『地上の飯 皿めぐり航海記』を読んでいたら、「虫めづる人々」と題された章に出会った。旅と文学と飛び抜けた言語能力が陽気かつ知的に結びつき、しかも前進あるのみといった好奇心に満ちあふれたこの一書については、「くじらに関する正直な話」などをはじめとして他に語るべき頁がたくさんあるのだが、『オーストラリア先住民族の食品成分表』および『ブッシュフード・ハンドブック』なる資料を参考に、虫たちの驚くべき栄養価の高さが紹介されている先の章に引きつけられた。たとえば、ボゴン・モスという蛾の腹部のあるサンプルは、一〇〇グラムあたり四三〇カロリー以上、タンパク質三八・八パーセントだったという。これならまちがいなく牛肉レベルである。やはり、条件付きではあれ、虫は肉と考えられるのかもしれない。

虫を繁殖させて、宇宙食にするなんて話もある。地上の飯が宇宙の飯になったとき、私たちにまだ幸福という文字は残されているだろうか。（堀江）

『死刑囚 最後の晩餐』

なぜそこでローカロリーのものを選ぶ？

人生最後のごはんは何がいいかという話を私たちは好んでする。友人たちの答えを私は覚えているくらいだ。たいてい和食である。そして、質素である。卵かけごはん、とか、味噌汁と漬け物とごはん、納豆ごはん。自他ともに肉派と認める私でも、「ごはんとたらこ」と答えた。幼少期から食べ慣れたもの、一貫して好きだったものを選ぶ人が多いんだろうと思う。

けれど、私たちは最後の晩餐を選ぶことができない。自分がいつ死ぬかなんてわからない。余命を宣告された場合でも、日にちまでは指定されない。あるいは、そのときはもう食事どころではない。自殺するなら選べるけれど、そのとき「あれを食べたい」などという気力が残っているのだろうか。

『死刑囚 最後の晩餐』というこの本を見たときは、びっくりした。アメリカの、死刑執行を実施している州は、それぞれその方法も手順も異なるが、ひとつだけ共通していることがあって、それは、死刑囚が最後の食事をリクエストできる、ということだと書かれている。

本書は、死刑囚たちの食べた食事をイラストで、おかした罪を文章で、たんたんと説明していく。ジョン・ウェイン・ゲイシーやゲイリー・マーク・ギルモアといった「有名人」も登場する。

死刑囚
最後の晩餐
タイ・トレッドウェル／ミッシェル・バーノン
宇佐和通／訳

タイ・トレッドウェル、ミッシェル・バーノン｜共著
宇佐和通｜訳
筑摩書房　品切れ

まったく食に興味もなさそうな人もいれば（ホットノファッジサンデーのみ）、フルコースを注文する人もいて（ステーキ、野菜、デザートにアイスクリーム）、はたまた、グルメらしき人もいる（取り寄せたチーズケーキ）。

最後だから、食べたいものを食べたいだけ食べよう、という人のほうが多い。たとえば、「大エビのバター炒め2キロ、チョコレートアイスクリーム、コーラ2リットル」、「チリとチーズのホットドッグ6本、フライドポテト大盛り、チョコレートミルクシェイク2杯」。しかし、栄養バランスを考えているとしか思えないリクエストも少なくない。「カッテージチーズ、トマト、レバーステーキとタマネギ」「サーロインステーキ、ベイクドポテト、オニオンリング、シェフサラダ、チーズケーキ（ローカロリーのもの）、ペプシコーラ」。なぜそこでローカロリーのものを選ぶんだろう？　と、単純に頭をひねる。

フライドポテトやハンバーガー、ステーキなどが多いのはお国柄だろうか。それらは私たちにとっての「卵かけごはん」や「味噌汁と漬け物」なのか。とはいえ、そんなふうにまとめるのには無理があるくらい、最後の晩餐はばらばらだ。最終的な罪状と死に方は同じだが、彼らの選ぶ食事はそれぞれの人生ほどに個性的である。つい、思いを馳せてしまう。決してわかりようのない彼らの人生と、最後の晩餐を食べているときの気持ちに。彼らも、私たちのように、かつて無垢に話したことがあったのだろうか。人生最後の食事は何がいいか、と。

本書には、アメリカの刑務所で出される食事のレシピや、日本の刑務所の食事献立も記載されている。ちなみに、日本の刑務所では、食事を選ぶというシステムはないということである。

『父の水餃子』『ベーコン』所収

それがおいしいのか、おいしくないのか

二〇〇六年の秋、その年の梅雨時に亡くなられた詩人の清岡卓行氏を偲ぶ催しに出かけたときのこと、当時すでに八十歳をこえていた吉本隆明氏が参席され、車椅子にのったまま故人の思い出を語られるのを耳にした。細部はもう覚えていないのだが、むかし清岡さん宅で水餃子を御馳走になったというただそれだけの話を、吉本氏が不思議な熱を込めて、繰り返し口にされていたことを覚えている。ずいぶんながく顔を合わせていなかったけれど、本は互いに送り合っていた、これからは、水餃子を食べるたびに、清岡さんの作品を思い出したい……。

組み合わせが組み合わせだから、参席者のなかには、水餃子の一語を、まるでランボーの詩の一節を理解するための鍵語のように聴いていた者もいただろう。詩心のない私がそこに神秘の匂いを嗅ぐことはできなかったものの、死を悼む場でもなお、思想や文学を押しのけて前面に出てくるなにかが水餃子にはあるのかもしれないと、しばらくのあいだ厳粛な脱力に浸っていた。

ほぼ一年後、井上荒野の短篇集『ベーコン』を手に取ったら、『父の水餃子』と題された作品が収められていた。敦という名を持つ「僕」の一人称で綴られる、十歳の夏の、日曜日の思い出。家を空けるようになった父親がひさしぶりに戻ってきて、朝、愛犬をつれて「僕」と散

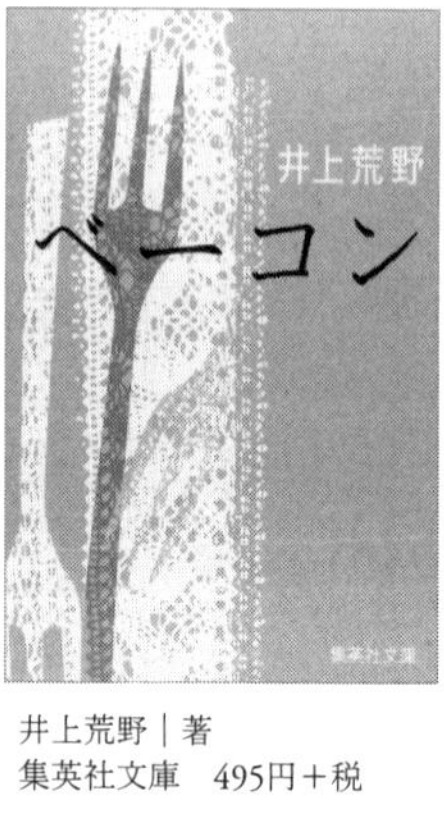

井上荒野｜著
集英社文庫　495円＋税

私的読書録 64

堀江敏幸

歩に出る場面から物語ははじまる。父が母にどんな対し方をし、母や姉からどんなふうに見られているのか、「僕」は過不足のない言葉で当時を振り返る。午後、友人たちと遊んでいた公園で、「僕」は父が携帯電話をかけている姿を認め、相手が母親でないことを悟る。不意にわき出した灰汁を、すくうのではなく見つめてしまうような戸惑いが、夕食で煮え立ってくる。

その日の食事を準備していたのは父親で、メニューは水餃子だった。なぜ水餃子なのか理由はわからない。しかも、ただでさえ気まずい食事が、冒頭で伏線を張られていた奇妙な用件の闖入者によって、さらに殺伐としたものにされてしまう。その人物が出て行こうとしたときには、餃子はほぼなくなっていた。「でも、あの水餃子が、おいしかったのか、おいしくなかったのか、僕は今でもさっぱり思い出せない」

父は、翌朝出て行く。そして「僕」が二十二歳のとき、病気で亡くなる。報せてくれたのは、相手の女性だった。「だから水餃子の日のことは、父の最後の思い出だ。水餃子を食べると、あの日のことを思い出す。そうして、あの日以来、どんな水餃子を食べても、それがおいしいのか、おいしくないのか、僕にはどうにもよくわからない」

しかし、味がわからないからこそ、この思い出はいっそう貴重なものになったのである。そう言えば、吉本隆明氏も、清岡卓行氏の水餃子の味についてはひとことも語っていなかった。㊗

『夫婦善哉』

この「玉子入りカレー」は自由の味がする

だめな男ばかり書く、とよく言われるのだが、織田作之助の『夫婦善哉』に出てくる柳吉に比べたら、私の書く男なんて、きわめてきまじめで平凡だと思う。

柳吉は妻も子もいる化粧品問屋の息子で、それらを売り歩くうち芸者の蝶子と親しくなる。そのことがばれて勘当され、柳吉は離婚もせぬまま蝶子と暮らしはじめるのだが、もともと贅沢をして過ごしてきたボンボンだから、仕事もせず、浪費ばかりする。蝶子が働いても働いても、使ってしまう。二人で商売をはじめれば、すぐさぼる。うまくいかなくなるとたんに酒に逃げる。浮気もする。芸者遊びもする。

幾度読んでも、じりじり、じりじりしてくる。自分が追われているような気持ちになるのである。それでも小説に流れる空気は湿っぽさや暗さがまるでなく、からりと乾いてユーモラスですらある。これはひとえに、蝶子の明るさにある。

なんでこんな男に惚れて、惚れたままなのか、好きという気持ちが減じないのか、さっぱりわからないのだが、しかし恋や愛とは現実でもそうしたものである。

無駄遣いをしたり芸者遊びを柳吉がするたび、近所の人に悪口を言われるほど蝶子は柳吉に暴力をふるう。なのに、柳吉は態度をあらためることはない。折檻を終えてしまえば蝶子はま

織田作之助｜著
新潮文庫　430円＋税

角田光代

た、張り切って働くのである。

この柳吉、うまいものに目がない。今でこそ、そんな男性は多いだろうけれど、昭和のはじめに食べものについて云々言う男性などいなかったろう。同棲する前、柳吉は蝶子を自分の好きな店に連れて歩く。「しる市」のどじょう汁と皮鯨汁、「出雲屋」のまむし、「たこ梅」のたこ、「正弁丹吾亭」の関東煮、などなど。

「自由軒」という、大阪に現存するカレー店で、蝶子がカレーを食べる場面がある。難波新地で遊び尽くしてきた柳吉をさんざん折檻したあとに、ひとりでライスカレーを食べにいき、食べながらもしかし柳吉のことを思い出す。この店のライスカレーがうまいと教えたのは柳吉だったのだ。そうして次の日には、今度は柳吉と連れだって自由軒にいく。

いとしい男に暴力をふるったあとで空腹に気づき、蝶子がひとりカレーを食べるさまは、じつに自由で、すがすがしい。この「玉子入りのライスカレー」は私にとって自由の味がする。食後のコーヒーの香りまで漂ってくる。それなのに蝶子は柳吉を思い出し、甘い気持ちになってしまう。恋というのは狭い檻だなと思う。そして人は自由を捨てて、よろこんでその檻に入る。

何年たっても、どれだけ支えても、柳吉は蝶子と籍を入れず、だめ男のまんまで、蝶子は自殺未遂事件まで起こす。けれど、蝶子は狭い檻から出ようとしない。それでも不思議なことにラストを読むと、人生の帳尻はしっかり合ったように思えてしまう。

それにしてもよくよく食べものの登場する小説で、そのほとんど、蝶子と柳吉は一緒に食べている。なんだかそのことが、本来は相容れないはずの、生活と恋、どちらもの本質でもあるように思えてくる。

『鮨』『家霊』所収

鮨を食べるときに関係のないこと

めずらしいね、今日はひとりじゃないんだ、と常連らしい壮年の男性がふたり、私たちに声を掛けた。先生は黒い顔の下のほうについているおちょぼ口で、うん、若い友人を、連れてきた、と恥ずかしそうに言った。平日の雨の夜とはいえ、あまり繁盛しているようには見えない。誘われるままならんでカウンターに腰を下ろすと、隣になった背広姿の方が、このひととどこで知り合ったのかと私に問うた。

大学の、上司です。そう答えると、尋ねた当人だけでなくもう一方も店主も呆然として、え、あんた、大学の先生だったの、と声を揃えた。先生は黙って微笑んでいる。いやびっくりした、こんな頼りなくてにこにこしてるだけのおっさんが雲のうえのインテリだなんて、と店主は言う。正真正銘の、フランス文学の教授ですよ。あっさり身分を明かしてしまった私に先生は文句も言わず、ふだんなにしてるかなんて、鮨食べるときに関係ないでしょ、と笑った。

先生は、とある理系の大学の、たったひとりのフランス語の専任で、私にはじめて非常勤の仕事をくださった恩人である。もう二十年以上前のことだ。上下の垣根を作らず、研究室に若い連中を誘っては、いつも楽しそうに文学談義をしておられたのだが、退官された翌年、突然の病で亡くなられた。奥様から黒枠の葉書をいただいた日、「ふだんなにしてるかなんて、鮨

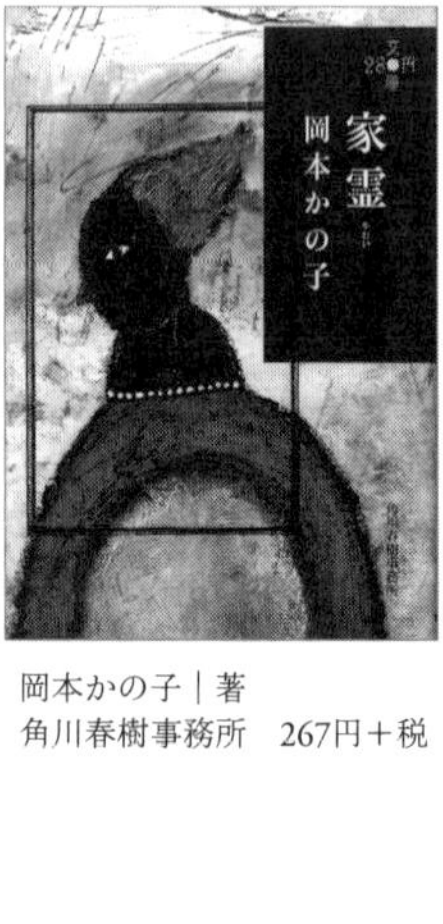

岡本かの子｜著
角川春樹事務所　267円＋税

私的読書録 66

堀江敏幸

　食べるときに関係ないでしょ」という先生の言葉が自然と思い出された。そして、追悼に代えて、岡本かの子の『鮨』を読み返した。

崖の多い下町の「福ずし」には、「ちんまりした贅沢」を求めてさまざまな客がやってくる。そのなかに、「五十過ぎぐらいの紳士で、濃い眉がしらから顔へかけて、憂愁の蔭を帯びている」湊という謎めいた人物がいた。「鮨の食べ方は巧者であるが、強いて通がるところ」もなく、「八分は相手に話さして、二分だけ自分が口を開くのだけれども、その寡黙は相手を見下げているのでもなく、つまらないのを我慢しているのでもない」。女学校を出た看板娘のともよは、そういう湊に「自分をほぐしてくれる、なにか暖味のある刺戟のような感じ」を受けていた。

ある日、店の外で偶然湊に出会ったともよが、空き地の叢《くさむら》に座っての四方山話のついでに、あなたはほんとうにお鮨が好きなのかと尋ねると、「さほど食べたくない時でも、鮨を食べるということが僕の慰みになるんだよ」と言って、湊は思いがけない身の上話をはじめる。『鮨』の後半は、どこか哀切な、母恋の物語で占められている。ところどころに挟まれる鮨の描写がみごとで、岡本かの子の筆力にあらためて感歎する一方、必要なこと以外はあまり口にしなかった先生を湊という人物に重ねてしんみりしてしまった。あの日、私たちがどんな鮨を食べたのかは、まったく覚えていない。（堀江）

『喪失記』

彼女の印象を変える、たった十五分の料理

姫野カオルコさんの『喪失記』はわりと初期のころに書かれた作品である。

主人公の理律子は、恋人も親しい友だちもおらず、仕事以外ではまったくといっていいほど人に会わない暮らしをしているイラストレーターである。三十三歳、処女、そして「男に飢えて」いる。

小説は、大西という男と、理律子が焼き肉屋で食事をしている場面からはじまる。既婚者である三十六歳の大西は、理律子が唯一会う、仕事関係者ではない男だ。月に二時間しか人と会わない理律子が、大西と知り合ってからは二週間で七回もともに食事をしている。

読み手はすぐに、理律子がどんなに面倒な人間か気づく。たぶん、現実にいれば友だちにならない。幼少期、キリスト教の神父のもとで厳格に育てられた理律子は、かたくななまでに「ただしいこと」に忠実であろうとする。キリスト教には七つの大罪という定義がある。暴食、色欲、強欲、嫉妬、憤怒、怠惰、傲慢、であるが、まさに理律子は、それらを排するように成長し、みごとにゆがんだ大人になった。

作者は、この面倒な主人公を、読み手に好かれさせようとしない。このようにしかできない理律子が、言うべきではないことを必ず口にする理律子が、どうしようもなくかわいそうになるが、やっぱり好きにはなれない。その感じは、思春期のころの自分自身にたいするものと、

姫野カオルコ｜著
角川文庫　480円＋税

私的読書録 67

角田光代

とてもよく似ている。女性ならば、きっと理津子をとても近い場所で知っている。そんなふうに思えてくる。

理津子は一度も恋愛をしたことがなく、この小説にもそんな甘やかな気持ちは描かれない。けれど一貫して、独特の色気が漂っている。それはひとえに、くり返し描かれる「食べる」行為によるものだ。

大西と理津子が会うのはいつも食事どきだ。そして二人はかみ合わないような会話をしながら、食べる。食べる。とにかく食べる。いわし。ぼたんえび。天麩羅。二人は食べているだけなのに、指を絡ませ、手をつなぎ、脚を絡め、たがいの首すじに舌を這わせているような錯覚を抱く。

何度目かの食事で、大西は理津子の料理を食べることになる。理津子は（そう言うことははしたないから）自分が料理をできるとは、人に言わない。けれど大西はそれを見抜く。こうして理津子はコンビニエンスストアで買った材料だけで、たった十五分で、オードブルとメイン料理を作るのである。このときのメイン料理がベーコンとパセリとトマトのパスタ。理津子がどのように十五分で仕上げるかが、じつにていねいに描写されている。

私はここで、理津子が放つかなしさや面倒さから解放される。理津子のきまじめさ　かたくなさ、融通のきかなさ、彼女の人生をうまくいかないものにしてきたいくつものことがらが、この調理手順で、ぜんぶ、プラスにひっくり返ったように思えるのだ。たったの一瞬だが、貴重な一瞬。

いつか理津子のパスタを作ろうと思いつつ、まだ、作っていない。私には十五分ではきっと無理だからだ。

『葡萄水』『宮沢賢治全集6』所収

麗しい葡萄酒のようなインクで綴る

万年筆を使い始めた頃、インクの選択でずいぶん頭を悩ませた。黒かブルーか、それともブルーブラックか。おなじインクでもノートが変わるとべつの色に見える。逆もまた真で、おなじノートなのにインクを変えると紙面や字面の印象が大きく異なる。時間が経って紙とインクが馴染み、やや褪色したときの色あいを想像するのも楽しい。

いまは用途によって複数の万年筆を使い分けているのだが、吸入式のものは除いて、インクはカートリッジを使わずコンバーターで瓶から吸わせている。色は二種類常備しているけれど、気分転換に変えたくなることもあって、そういうときはペン軸を透明なガラスコップの水に一晩つけておく。すると溶け出したインクが水中花みたいにじわりとひろがり、消えずに残る。幕を下ろすようなインクの筋がうるわしくて、それを見たいがためにガラスのコップを使うのだ。単色だと思っていた色が分解され、二つ三つの層に分かれてただよう際の、微妙な光りぐあい。とくにブルーブラックが溶け出すと、不意に赤紫の若い葡萄酒が出現して目を楽しませてくれる。

むかしながらのペン軸で、つけ書きすることも多い。ペン先は原則として使い捨てなのだが、自分の筆圧や文字の癖にぴたりと合致するペン先が育つと、駄目にする前に保管しておく。そ

宮沢賢治｜著
ちくま文庫　1000円＋税

私的読書録 68

堀江敏幸

の際も万年筆と同様のやり方で洗い、インクのひろがりを見守る。少し凝り固まったインクのほうがにじみ方に深みがあるのか、見ていて飽きない。要するに、原稿用紙の上で乾いた文字は、そういう隠れた色を幾重にもたたみ込んだ飲めないワインボトルのラベルみたいなものなのだ。書き損じの原稿の、内容ではなく文字の色を見て、こういう色になった状態でひとに手渡したいと夢見たりするのも仕事のうちだと私は思う。

ところでここに、ブルーブラックインクで清書した、四百字詰め原稿用紙九枚の原稿がある。宮沢賢治の草稿だ。彼はこれに「①同じインク、②鉛筆、③青インク、④やや黒っぽいブルーブラックインク」で順に手を入れ、若干の修正を加えつつ、べつの四百字詰め原稿用紙十一枚にブルーブラックで浄書した。『葡萄水』と題された一篇だ。本文校訂ではどのようなペンで書かれたかまで特定されていないけれど、賢治のすさまじい推敲は、この小品のみならず全創作に及んでいる。筆の種類によって、三種類のインクの線は芳醇な葡萄酒のように姿を変えてきた。『葡萄水』は摘んできた野葡萄で密造酒を作ろうとして失敗する、耕平という農夫の話だ。床下に隠した瓶から流れ出す「黒い立派な葡萄酒」は、たぶん、真新しいインクのように美しかったことだろう。(堀江)

『鮟鱇の足』『香具師の旅』所収

アンコウ鍋のなまめかしい色気とぞわりとした怖さ

他人の家の食事は、謎である。友人の家に招かれたときも、ハイカラな料理とか、アイディア料理とか、あるいは玄人はだしの料理など、驚くことが多いが、それは言ってみれば外向きの顔で、ふだんのなんでもないごはんというのは、なかなかに見られるものではない。ふつう、ということがまさになくて、本当にみんな個々で違い、なんでもちょっとした驚きがあるだろうなあと思う。

田中小実昌の書くエッセイにも小説にも、そらとぼけたようなユーモアがある。大まじめに書けば書くほど、その味が強まる。

『鮟鱇の足』もしかり。語り手の「ぼく」と妻の麻子は、麻子の兄夫婦と同じ敷地内に住んでいる。妻の兄には若い妻がいて、「ぼく」夫婦をよく食事に呼んでくれるのだが、麻子は固辞する。「ぼく」との肉体的接触を拒絶する麻子は、兄の結婚に何か思うところがあるらしい。

兄の妻、由子は水戸の出身で、自宅でアンコウ鍋をする。兄も彼女の影響でアンコウ鍋が好物になるのだが、麻子はそれすら頑として認めず、兄は出されたものをただ食べるだけだ、と言い、しかも、アンコウは死体を思い出させるとまで、言う。けれど、麻子が毛嫌いしているのはアンコウではないことが次第にわかってくる。

田中小実昌｜著
河出文庫　品切れ

角田光代

私がはじめてアンコウ鍋を食べたのは、つい数年前だから、ずいぶんと大人になってからである。おいしいと聞いても、こちらを不安にさせるような見た目である。食べてみたらおいしくてびっくり、でも、どこがおいしいのかといえば、よくわからない。アンコウよりおいしい魚は、それこそふぐだのぶりだのいろいろあるし、ゼラチン質がとくにうまい、というわけでもない。そうしたものが汁と渾然一体となっておいしいのである。ずっと前にテレビで見た、アンコウの吊し切りを思い出し、つくづく不思議な気持ちになった。

これが家で出てくる、というのも、また不思議である。あのどろどろと得体の知れない鍋を、家で囲みながら、アンコウは悪食だから、海に落ちた赤ちゃんものみこんで……なんて話をしているのは、やっぱりなんだか異様に思えてくる。コミさん特有のとぼけた味わいのなかから、なまめかしい色気と、ぞわりとした怖さがにじみ出てくる小説である。たしかにこの小説に登場する料理は、トンカツやスパゲティといった明快なものではなく、アンコウ鍋でないといけない。

違う家で育った人間とともに暮らすと、いろんな習慣の違いに驚くが、食はもっとも大きな驚きかもしれない。それでいて、いち早く慣れる。靴下を居間に脱ぎ捨てる同居人の行為には慣れずとも、相手の持ちこんだ食文化には、わりあい早く慣れてしまう。アンコウも、ごくふつうに食卓に出されれば、異様さも薄らいでしまうのだろう。と考えると、それを頑として拒む麻子の気持ちが、痛々しく思えてくる。

このアンコウ鍋を囲みながら、「ぼく」は若き日の、不思議な記憶をさぐりあてる。読み終えると、他者も自分も、人というのは、まことに異様で奇妙なものであると、アンコウ鍋をはじめて見たときのように、思う。

『海坊主』『百年文庫59　客』所収

引き合い引かれ合うこと、理解すること

なにかを口実にして一定以上の数の人間が集まり、テーブルを囲むと、まずは乾杯の命が下る。いまでもその傾向はつよいけれど、私が十代の頃、はじめに手にするのはたいていよく冷えた瓶から注がれたビールであり、それ以外の選択肢はなかった。とりあえず挨拶がわりに黄金色の液体の入ったコップをかかげ、飲めない人間でも舌を湿らせて、しかるのちにソフトドリンクと称する分野に移る。余った液体はそのまま生ぬるくなって、捨てられる運命にあった。アルコールが入っていなくても、話が面白かったり雰囲気がよかったりすれば私はウーロン茶で十分に酔うことができるし、頬も赤らみ頭痛もして、立ち上がれば適度に足がもつれる。酒によるのではない酩酊状態こそ幸福な夕べの証だった。

飲み会の場と飲み屋とはちがう。前者は必ずしも飲みたいひとが行くところではなく、単独で行動しうる空間でもない。それに対して後者には、「酒が飲みたい人間に酒を飲ませ、料理が食べたいものに料理を出すだけの店」が成り立ちうる。他に客がいなくても、しずかに飲み、つまむ。いきなり発泡酒を強要されることもない。飲み会の場とは、ある意味で偽の他者たちの集まりなのだ。彼らは容易に相手を「理解」する。酔うほどに親密の度が増し、それが深まるように思い、「理解」したことに酔っている自分に酔っているのではないかとは疑わない。

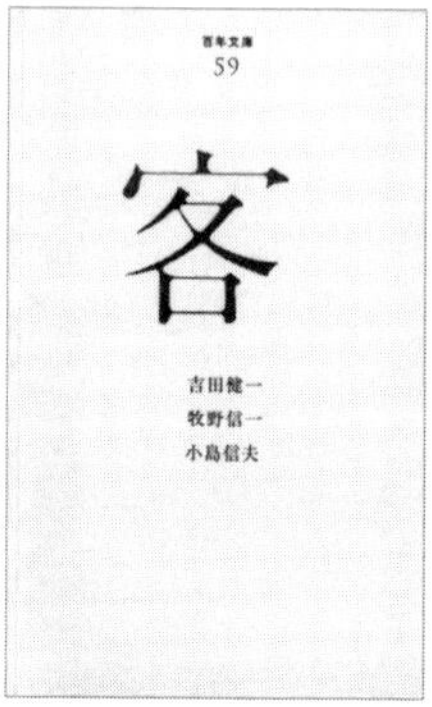

吉田健一｜著
ポプラ社　750円＋税

私的読書録 70

堀江敏幸

引き合い引かれ合うことと「理解」することは、等しくないはずなのに。

吉田健一の短篇『海坊主』を読んだとき、その思いはさらにつよまった。雨の晩、客のいない店で、語り手がおかみさんを相手に「お伊勢参りの話など」をしていると、背の高いがっしりした一見さんの男が入ってきて飲み始め、一杯どうですかと誘ってくる。男はあまり口を利かない。それでいて、とてもよい間で盃をついでくる。ここにあるのは「理解」ではない引き合いであって、むしろ自然の摂理に近いものだ。べつの言い方をすると、怖れと距離をともなった「信用」ということになる。男は「自然を卓子の向こうに置いて一人で飲んでいる」感じにさせてくれた、と語り手は言う。「信用できる馬に乗って一人で遠乗りに出掛けると、丁度そんな具合になる。乗っているのは生きもので、それはこっちの膝の動かし方一つに対する反応でも解るが、それに対してこっちが又何かする必要はない。馬はこっちの乗り方に間違いがなければ、それで満足しているので、馬が満足した様子で駈けていることが、こっちの乗り方に間違いがないことの保証になる」。

男は飲み、喰う。鯨飲どころか、この世のものとは思われない食欲で。そして河岸を変え、川べりの店先から、姿を変えて水のなかに去っていくのだ。語り手に「信用」だけを残して。(堀)

『ロング・グッドバイ』

さみしいからこそかっこいい

ハード・ボイルドにもチャンドラーにもまったく接点のない読書歴で成長したので、もし、村上春樹さんによる新訳の『ロング・グッドバイ』が出版されなければ、この本を手にとることはなかったろう。手にとることがないというのは、フィリップ・マーロウと出会わなかったという意味だ。

ひょんなことから知り合った男、テリー・レノックスと、私立探偵のマーロウは言葉を交わすようになり、いっしょに酒を飲むようになる。あるときマーロウは、テリー・レノックスのわけありな逃亡を助け、そのかどで逮捕される。そしてテリー・レノックスが、妻殺害の容疑をかけられたあげく、逃亡先で自殺したと知らされる。そこから次々と扉が開くように、事実は二転三転し、マーロウは不可思議な縁の張り巡らされた世界へと入りこんでいく。

マーロウは、ともかくしょっちゅうコーヒーを飲んでいる。「細部をおろそかにしない男、マーロウ。なにをもってしても、彼のコーヒー作りの手順を乱すことはできない。拳銃を手に目を血走らせた男をもってしても。」

マーロウは、亡くなる直前に書いたと思われるテリー・レノックスからの手紙を受け取ったときも、短いあいだの友をとむらうためにコーヒーをいれる。二杯ぶんのコーヒーをいれ、彼

レイモンド・チャンドラー｜著
村上春樹｜訳
早川書房　1048円＋税

私的読書録 71

角田光代

に捧ぐぶんにはウイスキーを注いでやる。煙草に火をつけ、灰皿に置いてやる。マーロウがかかわる羽目になるのは、巨万の富が渦巻く、きらびやかでうさんくさい世界だけれど、小説はしんと静まりかえったままだ。それはマーロウのありようが、ちっともぶれないから。彼はお金にも名誉にも興味がない。ただ、自分の信じるところを貫くのみ。

どんなときも手順を乱さずいれるコーヒーは、つまるところ、彼の生きかたそのものなのである。そして、揺らがない生きかた、信念に基づいたありようというものが、どれほど孤独なものかと思わずにはいられない。マーロウは最後までかっこいい。でも、さみしい。小説の出だしから、事件も、そのほかの登場人物も、世界も、大きくうねり、変化し、ラストにはまるきり違うところにたどり着くのに、マーロウだけは、同じ位置にいる。彼自身であり続ける。

男の人は、読みかたが逆なのではないかと想像する。自分自身であり続ける、ぶれのないマーロウは、かっこいいけれど、（残念なことに）さみしい、ではなく、さみしいからこそかっこいい、となるのではないか。

コーヒーにこだわるのは、圧倒的に男性が多いのと、マーロウ氏へのそうした思いと、何か関係があるような気がする。選び抜いた豆を、ていねいにいれる。それぞれの、こだわりのやりかたで。コーヒーを自分の信じている最上の手順でゆっくりといれる、その短い時間こそ、私立探偵でなくとも事件と縁がなくとも、男の人は彼らであり得る、じつに孤独な（ゆえにかっこいい）時間なのではないかしら。紅茶では、どんなにこだわってていねいにいれようと、この孤独さが出ない。この作品の、ウイスキーをラムに変えても問題ないが、コーヒーを紅茶に変えることは不可能だ。そう考えると、コーヒー自体がすでに人格を持っているようだ。

『阿房列車』『内田百閒集成1』所収

猪口を持つ手に宿る、フレミングの法則

コップ酒をあおる大人ばかり見て育ったせいか、私はずっと、一人前の証とは、透明な器になみなみと注がれ、いまにもこぼれそうなほど上面がふくれあがったあの液体を飲みほすことだと信じていた。鼻を赤くした男たちは、少年に向かって、毎度毎度、溢れそうで溢れない酒の小丘を指差しつつ、これは表面張力のなせる業だと実際にはもっとくだけた言葉で自慢したものである。

というわけで、日本酒と理科用語の関係をごく早い時期から脳裡に焼き付けることになったのだが、こちらが成長するにしたがって、酒好きたちの会話から表面張力などという言葉が発せられる回数は減っていった。そんなことを思い出したのは、内田百閒の『阿房列車』を読んだからである。なんの用事もないのに、ただ汽車に乗ってみるというこのシリーズの乗客たちにとって、酒は切符とおなじくらい重要な小道具だ。

六月晦日、宵の九時。これが「鹿児島阿房列車 前章」で、第三七列車博多行各等急行筑紫号出発の時刻である。この列車には食堂車がないため、百閒先生はあらかじめ「魔法罎を二本買って、お燗をした酒を入れてきた」。ほかに佃煮と握り飯がある。軽い宴として不服はない。百閒は同行のヒマラヤ山系君に魔法罎の中身を注ぐ。

内田百閒｜著
ちくま文庫　1100円＋税

堀江敏幸

「山系君は杯を前に出したが、いつもの癖で猪口《ちょこ》の縁を親指と中指とで持ち、その間の使わない人差指は邪魔だから曲げている恰好が、人をあいつは泥棒だと云っている様である」

表面張力を知らなかった子どもは、いまやこの山系君のしぐさと、理科の教科書に地味な図解入りで解説されていたフレミングの法則を強引に結びつけうるだけの年齢を重ねていた。もっとも、日本酒を注いだ猪口を持つ手において人差指の扱いに困っている事例は多く、酒場でも家庭でも、手持ち無沙汰ならぬ指持ち無沙汰のなかで、力が入っているのか脱力しているのか遠目にはわからない無意識の実験が繰り返されている。山系君とはちがって、理科図版のとおり、人差し指をぴんとまっすぐに張る酔人も少なくない。手の大きなひとにとって、猪口は持つのではなく摘む感覚になるのだろう。電流と電圧と磁場の関係が、うるわしい清酒を湛えた手のなかで明らかにされるのだ。

しかし阿房列車の乗客の酒量は、残念ながら魔法罎二本を超えていた。まだわずかにお燗が残っていた熱海駅の段階で彼らは駅売りの酒を買うのだが、ぐあいの悪いことにこちらは冷酒である。「多分丹那隧道を出て、暫《しば》らくしてから冷酒に代ったと思うけれど、わざわざ買い足した程うまくもない。結局お行儀が悪く、意地がきたなくて、無くても済む物がほしかったのである」。無くても済む物の味。百閒先生の言葉の秘密は、買い足した日本酒の、味気ない味わいにこそある。㊧

『海辺のカフカ』（上・下）

うどんは、彼にとって最後の、純然たる幸福だった

熱心な読者ではないので、偏見かもしれないけれど、村上春樹さんの小説に登場する食べものは洋食というイメージを持っている。スパゲティやステーキである。そして飲みものはキリンビールでもアサヒビールでもなくハイネケン。

二〇〇二年、発売されて間もない『海辺のカフカ』を読んで、だからはじめに驚いたのは、あっ、洋食じゃない食べものが出てきた、ということである。

この小説は、二人の視点によって進んでいく。ひとりは十五歳の田村カフカ。もうひとりは文字の読めない老人、ナカタさん。

田村カフカくんは中野区野方の実家を出て、夜行バスに乗り四国の高松にやってくる。かたい決意の家出だ。高松についてまず、うどんを食べる。それまで食べたどのうどんより違うと感じ、あまりにもおいしいのでおかわりまでする。

「あっ、うどん！」と、読者の私は思ったのである。なんだか馬鹿みたいな感想だけれど、村上春樹作品のなかで、うどんは新鮮に思えたのである。

カフカは、うどんを食べる前は、バスのなかで持参したクラッカーを食べ、水を飲んだだけだ。それを知っているから読者の私は「うどん」に驚きつつもほっとする。家出した少年が、家を出てからはじめて食べたあたたかい食べもの。そして、それがおいしいことにも安堵する。

村上春樹｜著
新潮文庫　上巻710円＋税、
下巻750円＋税

私的読書録 73

角田光代

ここはまだ物語のほんの入り口である。カフカは、この後どんどんおそろしいことに巻きこまれていく。おそろしく、つらく、かなしいできごとが、彼と読者を待ちかまえている。

読みながら、私は幾度も、カフカの食べたうどんを思い出した。それが彼にとって最後の、純然たる幸福に思えるのである。うどんが、まるで扉であるかのように。扉を閉めて帰ることもできるのだ。でも、当然ながらカフカは開けて入っていく。おそろしく、つらく、かなしい世界に。もうひとりの語り手であるナカタさんも、とんでもないことに巻きこまれ、一度も出たことのない中野区を出て、謎の力に導かれ四国にやってくる。そうして、うどんを食べる。

ナカタさんはもうすでに巻きこまれているのだが、それでも私は、「ああ」と思ってしまう。うどんを食べてしまったら、もうその後には引き返せないのに、と。

小説は、うどんにそんな意味を与えてはいないのに、どうしてもそう思ってしまうのである。この小説はとてもつなく難解に思えることもあれば、至極シンプルに理解できる（つもりになれる）こともある。読み手の年齢や、時代によって、中身の変わる小説だと思う。一度目に読んだときはどのように考えればいいのかまるでわからなかったけれど、二度目に読んだときはものすごくよく理解でき（たつもりになれ）、三度目のときは、理解するとか、解釈するとか、そんなことよりも、この物語のおもしろさをただ浴びればいいのではないか、と思った。そうなのだ、この小説、とんでもなくおもしろいのである。こわいけれど。

関東で生まれ育った私も、成人してはじめて讃岐うどんを食べたときは驚いた。それまで食べてきたどんなうどんとも異なると、カフカとまったく同じことを考えた。でももちろん、それはなんの扉でもなかった。その後彼が足を踏み入れる異世界の、残酷さや冷淡さや理不尽さを、私たちの生きるこの現実世界が、同様に備えていたとしても。

『堀田善衞 上海日記 滬上天下一九四五』

若き詩人の日記にある、たった一度の炒飯

数年前、『上海日記 滬上天下《こじょうてんか》一九四五』なる新発見の直筆ノートをまとめた若き日の堀田善衞の、青年詩人から骨太な作家へと変貌していく時期の体験をつづった日記が刊行された。東京大空襲ののち、二宮に妻子を置いたまま、彼は一九四五年三月末から一九四七年一月まで上海に滞在している。肩書きは国際文化振興会上海資料室勤務というもので、たいした仕事はなかったようだが、当地の中日文化協会に勤めていた武田泰淳との交わりが、精神再形成のうえで大きな役割を果たした。

戦時であるにもかかわらず食材も豊富にあったこの大都市で、詩人は三つのことに苦悩していた。ひとつは経済問題、もうひとつは文学者としての方向性を探る内面的な問題、最後のひとつが、たがいに配偶者のある身として関係を結んだ、のちの夫人との出会い。

三つ目に関する、真剣そのものだが情けなくもある男の記述を、大局観のひな形となるような硬質な言葉が補う。そして、あいだにちらほらと食べものの話が出てくる。マンジュウ、ウドン、小餅にすし（魚はすべて揚子江のもの）、点心、ソーセージ、キャベツ、ニンジン、パン、ミルク、コーヒー、老酒、天ぷらにおでん、ヨーカンにオハギ。食べようと思えば食べられるだけのものが、この時代のこの都市にはあった。外で飲んだりもするけれど、自らの手で

堀田善衞 上海日記
滬上天下一九四五
紅野謙介 編

堀田善衞｜著
紅野謙介｜編
集英社　2300円＋税

私的読書録 74

堀江敏幸

料理も作った。一九四五年十月十六日付けで彼はこう書いている。「天下国家のために何をしたいといふ野望もない、又自分一個のためにすら何をしたいとも思はぬのだ。つまらないことおびただしい。自分で自分が全くつまらない。食物をこしらへたり、皿を洗つたりする瞬間が最も充実してゐるやうに思ふ」。そして、翌々日。「朝ねゞみを退治。子鼠を入れて結局二十二匹位征伐したことになる。／風呂掃除をしてから昼食にパンを焼き、残りの御飯で炒飯をつくる」。具は、おかずはなんだったろう。

この時期、堀田善衞は中国の現実を間近に観察し、観念によらない直火の思考を試みつつ、炎の誤用がいかなる未来をもたらすかを見据えていた。同年十二月二十二日にはこうある。「どうも僕は、日本はアテネやスパルタのやうに滅びるのではないかと思ふ。この大東亜戦争か恐らく第一弾のものではないのか。何しろ日本人ほど何かをやりたい、やりたい、やりたいといふ慾情につかれた人民ばかりで成り立つてゐる国家といふものはないであらう」。そんなふうに記す一方で、先に引き揚げていった恋人の寝巻を着て悶々としたりする。上海滞在日記に登場する炒飯は先の一箇所だけだが、自分が潰れるだけで済む老酒の内燃を繰り返すよりも、自他を焼く業火ともなるたった一度の炒飯の直火のほうが、若き詩人にはふさわしかったかもしれない。（堀）

『向田邦子の手料理』

食べることより作ることが好きだったに違いない

向田和子｜著
講談社　1600円＋税

料理を覚えた二十六歳のときに買った料理本の一冊が、『向田邦子の手料理』である。もちろん向田邦子ファンだったからだけれど、料理の写真がよかった。作家の料理を紹介するものは、文章だけのものも多いけれど、初心者にとってやっぱりレシピ本は写真がキモである。完成形がわからないと、料理欲が萎える。

料理初心者の私にとって、この本はじつに重宝した。手間のかかる料理も載っているけれど、かんたんなものが多い。しかも、気取りがないのに、人をもてなすのに最適な、見栄えのいい料理が多いのである。友人を呼んで宴会をするとき、かならず何品かはこの料理本を参考にして作った。

エッセイの抜粋や、友人知人によるコラムが載っているのも、たいへんうれしい。何がうれしいって、向田邦子という、会うことのかなわない作家をじつに近しく感じられるからだ。エッセイ『食らわんか』に出てくるちょっとした料理を、本人から直接教えてもらっているような気になるし、もたもたと千切りをして怒られているような気分になる。この作家のように器に興味を抱くことはなかったけれど、でも、器というもののだいじさもこの本で教えられた。

私は料理本好きで、よく書店で料理本コーナーを吟味しては、買い求める。料理本にははや

角田光代

り廃《すた》りが多い。生食がはやったり、たれがはやったりして、大量に本が出る。写真もどんどん垢抜ける。一昔前の料理本は、少しずつ色あせていく。もちろん例外もあって、この『向田邦子の手料理』は、例外中の例外だ。

この本はずっと本棚にあり、今も使っている。色あせない、その理由はなんだろう？　いちばんの理由は、手を抜いたのではなく、かんたん、ということに思える。手順は、たいてい三つか四つくらい。覚えてしまって本を見ないで作れるものもある。かんたんなのに、常備菜になるような家庭の惣菜から、華やかでハイカラな料理まである。作ってみれば、きちんとおいしい。飽きのこない味。そうしてやっぱり、酒を飲む人に合う料理である。

向田邦子という人は、食べることが本当に好きな人だとずっと思っていた。けれど自分が年齢と料理歴を重ねてみると、いや、食べることより、この人は作ることが好きだったに違いないと思えてくる。この素材とこの調味料を組み合わせたらどうなるだろう、と作ってみて、おいしければにんまりし、だれかに食べさせたいと思う。作ることと、同様に、人をもてなすことをこよなく愛した人だったんだなあと、最近では実感するようになった。

作って、うまくいったときのよろこびと、だれかに食べさせたいと願うわくわく、そのだれかがおいしいと言ってくれたときの勝利感が、このレシピ本には詰まっている。幾度開いても、それらはありありと立ち上ってくる。料理を作ること、親しい人とともに食卓を囲むこと、その時間へのほんものの愛情が、この一冊からはいつまでも目減りしないのだ。

『居酒屋』

もし居酒屋で打ち明け話をされたら？

酒を楽しむ場で、さして親しいわけでもないひとから、なぜそんな話をいまこの私にと戸惑うほかないような打ち明け話をされたことが、何度もある。第三者には漏らせない内容なので、彼らの言葉は澱《おり》となって胸の奥に溜まり、おかげで体調を崩す羽目になるのだが、そういうときはエミール・ゾラの『居酒屋』を思い返すことにしている。

洗濯女のジェルヴェーズ。彼女自身も、情夫でふたりの子の父親ランチエも、夫のクーポーも、酒のせいばかりではないけれど、身を持ち崩して悲惨な最期を遂げる。原題を辞書で引くと、小さな飲み屋という意味のほかに、撲殺用の武器だの害獣・害鳥駆除の罠だのと恐ろしい語義も連なっている。語学の勉強では、むしろこの単語の関連語として、「うちのめす」「なぐりころす」の意味になる動詞に出会う方が先なので、ゾラの大作の原義を知ったときには、それこそ棍棒で打ちのめされた気がしたものだった。

この小説には飲み屋がたくさん登場する。タイトルとおなじく単に《居酒屋》と記されているのは、蒸留酒を飲ませるコロンブおやじの店だけで、他の安酒場は店名で呼ばれている。《銀風車》《蝶々軒》《洟《はな》をすする蚤《のみ》》《小さな麝香猫《じゃこうねこ》》《咳する坊や》《お墓の帰りに》。一読忘れがたいこれらの呼称には、当然ながら、訳者の、つまり古賀照一の語感が大いに関与してい

エミール・ゾラ｜著
古賀照一｜訳
新潮文庫　940円＋税

堀江敏幸

る。彼のもうひとつの顔は、長篇詩『炎《も》える母』で知られる詩人、宋左近。東京大空襲の折、いっしょに逃げている母の手を放してしまった心の傷をさらす重い一篇だが、一九六七年に出たこの詩集と一九七〇年に出たゾラの翻訳を、墓地からの帰りではなく墓地に向かう乱脈な暮らしの果てにアルコール中毒で倒れたジェルヴェーズの夫、クーポーの見る幻覚が結びつける。彼は病院でこう叫んだ。

「火事だ！　畜生！　火事だ。火事だって怒鳴ってるんだぜ！　こりゃあ、よく燃えてる。ああ！　明るいなあ、明るいなあ！　空じゅうが燃えてるぞ。赤い火、緑の火、黄色い火……。助けて！　助けてくれ！　火事だあ！」

ここには宋左近の詩行、たとえば「燃えさかる炎のただなかにたしかにわたしは／母をおきざりにして逃げてきました」に通じる響きがある。罪を許しうるのは神だけであり、私たちは許されることしかできない。ある意味で『居酒屋』の女たちも、いちばん大事なときに、握りしめてほしかった手を愛する男に放されてしまったのだろう。

居酒屋で打ち明け話を誘う傾向があるとはいえ、「たしかにわたしは母を殺したのです」など呟かれたことはない。仮にあったとしても、たぶん打ちのめされ、洟をするか咳をするかしてごまかすほかないだろうけれど、相手が女性なら、あの酔っぱらいの葬儀屋バズージュじいさんが、ジェルヴェーズを納棺する前に漏らした台詞を復唱してみたい。「さあ、おまえさんは幸せになったんだよ、ぐっすり寝るんだぜ、別嬪さん！」（堀江）

『異人たちとの夏』

すき焼きじゃなきゃ、こうはいかなかったろうな

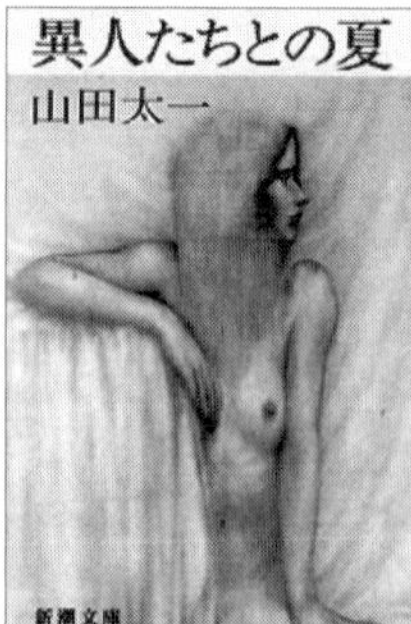

山田太一｜著
新潮文庫　430円＋税

離婚し、ひとり暮らしになった四十八歳のシナリオライターが、自分の誕生日、ふと、自分の生まれた浅草に立ち寄る。寄席にいく。そこで、亡くなった父親にそっくりの男に出会う。誘われるまま、男の住まいにいってみると、今度は亡き母親にそっくりの女が出迎える。シナリオライターが十二歳のときに亡くなった両親が、自分より若い三十代のまま、暮らしている。だれもが知る脚本家、山田太一さんの小説『異人たちとの夏』である。さすが脚本家、と思うのは、小説の展開の小気味よさ。言い訳がない。言い訳せずに、読み手を納得させる。

たとえば、父親にそっくりな、でも明らかに自分より若い男が、自分の住まいにシナリオライターを連れていく場面で、たいていの小説は、言い訳を用意する。父親似の男が誘う言い訳、語り手の男がすんなりついていく言い訳。そうしたものがここにはなくて、ちょっとおかしみのある会話がある。ハンカチのくだりなんて絶妙。缶ビールを自動販売機で買い、冷たいからハンカチで包んで持てと父親似の男は言い、自分はハンカチなしで平気だと得意げに言う。

ああ、この人、おとうさんだ、と読み手は納得してしまう。死んだ人があらわれる、その不思議を信じてしまう。十二歳から感情に蓋をしてきたこの孤独なシナリオライターの、どうかおとうさんであってくれと、願ってしまう。こんなに短い会話で、もう、読み手の心をそんな

角田光代

ふうに持っていってしまう。

親というものは、いつだって子どもに何か食べさせたいらしい。語り手より年少の父母も、すぐに夕飯を食っていけと言う。何度も何度も、そんな場面が描かれる。けれどそんな幸福な時間も長くは続かず、やがて、別れなくてはならないときがくる。最後の日も、夕食を食べていけと言う両親を、シナリオライターは外食に誘う。彼が誘うのはすき焼き。「一度、三人で鍋かこむっていうの」を、やってみたかったのだと言う。そうして三人は、浅草の、今半とおぼしき店に向かう。そこに着いてしまうことに抵抗するように、肥串を買ったり、せんべい屋をのぞいたりして。

この場面は、どうしたってすき焼きじゃなければならない。衝立で仕切られた大広間の、おさえたにぎやかさ。あちこちから上がる湯気と、冷房と、あまじょっぱいにおい。いつも息子の食事の心配ばかりしている両親に、ここでは息子が、「うんと贅沢しよう」「どんどん追加するからね」と、たくさん食べさせようとする。そんな息子を、若さ両親は褒める。多くの両親がそうするように、褒める。すき焼きじゃなきゃ、こうはいかなかっただろうなと、読みながら思う。鮨だとどこかドライで、フランス料理だと芝居じみている。焼き肉だとくだけすぎで、家のなかの食事ならば緊張感がない。しかも、夏のすき焼きという、ちいさなアンバランスがきいている。

いつだって私はここで、泣いてしまう。飾り気のない、ごく自然な、泣かせようとなんてしていない言葉のやりとりに、泣かされる。そうして思い出すのである、そういえば、私も経済的に少し余裕ができたとき、今は亡き母親を浅草の今半に連れていったなと、そんなことまで。㊞

『如何なる星の下に』

文字で表現されている以上、文字のなかで味わうべきなのだ

高見順が昭和十四年に発表した『如何なる星の下に』は、戦時下の浅草に仕事場を借りたひとりの作家が、真の意味での自由が奪われつつあるなか、ゆるゆると奮闘しているレビュウの踊り子たちや芸人たちとの交流を描くという体裁の作品である。放っておくとどこかへ流れ去ってしまいそうな、というよりすでに綱の切れた浮標の気配が漂いはじめている登場人物たちをつなぎとめているのが、「風流お好み焼き―惚太郎」だ。芸人、作家、音楽家のみならず、あらゆる業種の常連ひとりひとりと一対一の関係をつくりあげてしまう女将の魅力で知られていた実在の店「染太郎」をモデルにしているのだが、壁の品書きを作家が手帳に写し取る場面があって、以前この小説を紹介する機会に恵まれたとき、それをただ切り貼りして提示したことがあった。原文を引けば、こうである。

《やきそば。いかてん。えびてん。あんこてん。もちてん。あんこ巻。もやし。あんず巻。よせなべ。牛てん。キャベツボール。シュウマイ。(以上いずれも、下に「五仙」と値段が入っている。それからは値段が上がる)。テキ、二十仙。おかやき、十五仙。三原やき、十五仙。やきめし、十仙。カツ、十五仙。オムレツ、十五仙。新橋やき、十五仙。五もくやき、十仙。玉子やき、時価》

高見順｜著
講談社文芸文庫　1400円＋税

私的読書録 78

堀江敏幸

仙とはもちろん銭の当て字で、「人」が「山」と来るという意味の縁起担ぎらしい。さまざまな具とさまざまな人物が、「へり」があってないような鉄板の上で炒められ、思いがけない組み合わせによって奇妙な関係の網をつくりあげる。玉子焼が時価となっているあたりに当時の世相があらわれていて興味深いのだが、高見順の小説には、人物としての具の動きと「惚太郎」の空間そのものは描かれているのに、なぜか味についての詳しい言及がない。私にはそれが不満だった。モデルとなった店がいまも存在しているのだから、味を確かめたければ実際に行ってみればいいなどと考えるのは早計である。文字で表現されている以上、文字のなかで味わうべきなのだ。たとえば五仙の項目の筆頭に置かれた「やきそば」は、具体的にどんな内容だったのか。

少々違反になるけれど、実際の「染太郎」のやきそばを頭のなかで味わうには、開店五十周年と女将の米寿を祝って刊行された『染太郎の世界』（かのう書房、昭和五十八年）に紹介されている、イラスト入りの説明が参考になる。材料は、麺、キャベツ、玉ネギ等の野菜、挽肉、桜エビ、揚げ玉、もやし。もやしを一番上に載せて盛りつけたものを一式、ラードを引いた熱い鉄板にひっくり返し、下になったもやしの水分が麺に吸収されるまではいじらずにおく。仕上げはウスターソースで、もやしがしゃきっとしているうちに食べる。語り手は具の一番下になったもやしのように細くしぶとく、登場人物はみな水気が多いのに味わい深い。高見順の小説は、まるでこのやきそばそのものではないか。

堀江

『悪い仲間』『質屋の女房』所収

滑りやすいスパゲッチをフォークに巻きつける

安岡章太郎｜著
新潮文庫　490円＋税

自分が生まれるより前に書かれた小説であっても、安岡章太郎氏の短編小説を読んでいると、そのなかで生きてしまう。小説世界のなかに、というよりも語り手のなかに入りこんで、そこに満ちる空気を吸い、日射しや湿気を感じ、食べものや体臭を嗅いでしまうのである。

大学に上がったばかりの「僕」は、今まで会ったことのないような刺激的な男、藤井と知り合う。彼の破天荒な行いに魅了され、子どものような無邪気さで、無銭飲食やのぞきといった冒険を彼とともにやりはじめる。そうなると、今までの友人、倉田が退屈な男に感じられ、「僕」は倉田の前で藤井のような無頼を演じるようになる。

「僕」と倉田は育ちが似ている。お手伝いさんがいるような家の坊ちゃんである。一方藤井はその対極にある。彼が無銭飲食をするのも風来坊のようなのも、堕ちていくにまかせるしかないのも、酔狂でやっているのではなく、そのようにしかできないからだ。その対比が、たとえば家庭の居間の描写や、習慣や、体臭などで絶妙に表現されているのだが、なかでももっとも説得力があるのは、食についての描写である。

「僕」は最初、藤井が、一膳めし屋の蝿《はえ》のたかる魚をおいしそうに食べる姿を冷酷に見ている。が、藤井に傾倒するにつれ、家で出されるきちんとしたオカズが気に入らなくなり、喫茶店に

私的読書録　79

角田光代

入り浸り、「焼きイモにバタをのせた料理」などを発明するようになる。

この藤井から、あまりに自堕落な生活のために体を壊し、故郷である朝鮮に帰るつもりだという知らせを受けた「僕」と倉田は、そのおそろしさのあまり無理にはしゃぎ、「今日こそお目出度い日だ。御馳走を食おうよ」と言い合ってレストランに赴く。ナイフとフォーク遣いにあえて集中し、『皿から肉が飛び出さないように切ったり、滑りやすいスパゲッチを用心しながらフォークに巻きつけ」たりして、食事をする。彼ら二人が選んだのがそうした格式張った店、というところで、ああこの人たちは、どんなに退屈しても、自分の家のゆたかさに絶望しても、そこから出ることはできないのだなと読み手である私は痛感する。しかしその後、「僕」と倉田は、まったく異なる方向へ向かうことが暗示される。

小説は、時代が戦争へと突入していくことを示して終わる。この小説が、青春の入り口に立った青年の、ある戸惑いの小説にとどまらず、時代を超えた不穏さと、普遍性をたたえているのは、そのせいでもあるように思う。戦争体験のない私でも、生まれた時代によって、人生がまったく変わってしまうことを知っている。それは、ある人との出会いが、図らずもその後の人生を大きく変えてしまうのととてもよく似ている。時代の前にも、偶然の前にも、私たちはあまりにも無力だと思わされるときがある。

読むことでこの時間を生きてしまった私は、喫茶店のコーヒーよりもバタつき焼きイモよりも、メイン料理の肉よりも、フォークにくるくると巻きつけた付け合わせのパスタを色濃く思い出す。自分の人生を決めた瞬間の、その象徴として、おそらく鮮やかなオレンジ色だったろう、今のパスタとは異なる、こしのない麺を思い出す。（角田）

『煙突』『夏の葬列』所収

空にいちばん近い場所、弁当半分の空白

陸の形や海の色が変わり、町が壊され再建されても、空が崩れることはない。そうでなければ、詩歌を読みながら千年以上も昔の人が見上げた空に吸われた気になったり、数百年前の散文の書き手とおなじ空をいま見ているのだと感慨に耽《ふけ》ったりはしないだろう。昭和二十年の夏の空なら、つい昨日見たようなものだ。

信じ込んできた思想の正体が「じつは透明な空白だった」と気づかされた十五歳の「ぼく」。ほとんど抽象的なまでの青空を見つめながら「ぼく」は秋学期を迎え、三田にあった中学の校舎が焼け落ちてしまったため、下部組織の小学校がある町まで疎開先の二宮から片道二時間半かけて通うことになるのだが、三年生は実質上、みな被災した工場の後始末に駆り出されて、校舎に残っているのは「ぼく」を含めた健康に問題のある者だけという状況だった。そのなかに山口という愛想の悪い少年がいて、「ぼく」は彼に近づこうとする。しかしなかなか距離を縮めることができない。

昭和二十九年に発表された『煙突』は、私小説的な要素の濃い一篇だ。「ぼく」は作中で山川と呼ばれているし、細部も年譜的な事実に合致している。十五歳とは思えない硬質で思念的な言葉を駆使して、「ぼく」は心の空白を埋めようと屋上にのぼり、壁にボールを投げつける

山川方夫｜著
集英社文庫　460円＋税

堀江敏幸

孤独なキャッチボールや架空の野球ゲームに興じる。そして、帰りの電車で空腹に襲われないよう、五時限目の終わる頃まで待って大切な弁当を食べる。弁当と言っても白米の詰まったものではなく、「たいていフスマのパンか、粟飯のパラパラなのを防ぐためにそれを小さなお握りにしたやつ」だ。とはいえ、父親を亡くしたばかりの厳しい暮らしのなかで、母が苦心の末にこしらえてくれたものでもあった。

ある晴れた午後、屋上にあがると、山口がいた。そのとき「ぼく」は、山口がいつも弁当の時間にそっと姿を消していたことに気づく。「よかったら、食べろよ。半分」と「ぼく」は誘う。風呂敷包みのなかのアルマイト弁当箱の中身は「細いイカの丸煮か二つと、粟の片手にぎりほどの塊が六つ」。これを機に、ふたりは他にだれもいない吹きさらしの屋上で会い、「弁当を半分こ」するようになる。

うつろなほど澄み切った空を凝視しつづけてきた山川方夫は、「弁当を半分こ」するようなエピソードを、真の友情を育てるきっかけにしたりしない。死と隣り合わせにあって、死の側からでなければ生を見ることができなかった世代のみに理解できる弁当半分の空白を、タイトルどおり煙突にのぼるという行為によって充填するのだ。空にいちばん近い場所で、山口の隣にいながら、「ぼく」は自分の孤独を埋める術などないことを悟る。他人はあくまで他人なのだとの冷徹な認識が、胃の腑に入れるモノとしての弁当を抽象の風呂敷に包んでしまう。煙突から立ちのぼっていた見えない煙が、秋の空と孤独をいぶす。弁当の味は、ついに語られることがない。（堀江）

『ロマネ・コンティ・一九三五年　六つの短篇小説』

絶望を引き受けること、闘うこと

　私が子どものころはワインといえば赤玉ワインしか見たことがなかったが、一九八〇年代も半ばになると、ずいぶんといろんな国のいろんな種類のワインが登場し、さらに九〇年以降のバブル経済崩壊後は、輸入ワインの値段がぐっと安くなって、ふつうの酒屋さんでも居酒屋でもワインはよく見るようになった。ソムリエ、という言葉が一般的に普及したのもこのころで、その当時、ソムリエ独特の表現方法が、漫画やコントでよく茶化されていた。強い日射しの下で跳ねている子馬のような……とか、憂いを含んだ純潔の乙女のような……とか、わざと意味不明な表現を使って茶化すのである。そういうのを見聞きしてきたからか、ワインの味や香りを説明したり、希望を伝えたりするのが、私は未だに苦手だ。恥ずかしい、というような意識がある。

　そんなとき、開高健の『ロマネ・コンティ・一九三五年』におけるワイン表現を読んで、ぶっ飛んだ。野ウサギも子鹿もてんでかなわない、鋼鉄のような形容の嵐。

　小説家と会社重役、二人の男が向き合ってワインを飲む。小説の筋はそれだけ。用意されたワインは、一九六六年のものと、一九三五年のもの。ワインのうんちくが延々語られたあと、まず、六六年が開けられる。この形容がすごい。ほとんど一ページ続く。まるで女性を評する

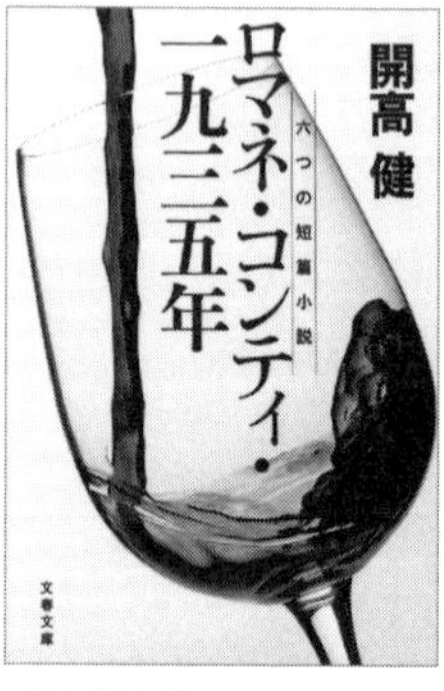

開高 健｜著
文春文庫　550円＋税

ような言葉が並び、でもちっとも下卑《げび》ておらず、読み手はそのワインの味と香りを官能と結びつけて思い浮かべる。飲食の官能と芸術性を、私たちは思い知らされる。たとえ超のつく高級ワインを飲んだことがなくとも、超高級な食材を口にしたことがなくとも、そうだった、飲食とはかくも崇高なことだったと、思い出すはずである。作家の筆は、そこまで確信的だ。

さて、それでは、いよいよ一九三五年ものを開けようということになる。コルクを開ける給仕も緊張している。男二人は短く言葉を交わし、そして、ぴんとはりつめた空気のなか、二人はその幻のワインを口に運ぶ。

ここから小説家のパリでの回想がはじまる。若くない女との、短い情事である。おそらくもう二度と会わないだろう異国の女の過去が、ちらちらと垣間見える。年齢を重ねることは絶望を重ねることだと読み手は知らされる。

この作家は、ほかの著作で、文学には絶望はあり得ないと書いた。なぜなら文字というものは人間につながっているから。真の絶望者は、何も言わない、何も書かない、と。

だから、読み手はこうも知らされるのである。年齢を重ねるということは、絶望を引き受けることではない。絶望と闘うことだ、と。その闘いを重ねることだ。

そして三五年のワインに話は戻る。このワインを、小説家はようやく理解する。何度読んでも、この最後のくだりで鳥肌が立つ。

ワインの味を、こんなふうに表現する作家が、ただひたすらにおそろしくなるのである。

（角田）

『外套』

『外套・鼻』所収

大急ぎですするおきまりのシチュー

冬になると、むかしは暖房も兼ねてよくスープを作った。冷蔵庫のあまりものを鍋に投げ入れ、上下の丸い縁に錆の出かかった、安価な缶詰のホールトマトでひたすら煮込むのである。水で薄めて分量を稼ぐのは言うまでもない。味付けは塩と粉胡椒。別稿で述べたとおり、ビーツや香草を使う知恵も肉を買う余裕もなく、しゃびしゃびしたそのスープを何度かにわけて大事に啜《すす》った。四畳半の片隅に置かれた鋳物のひと口コンロで鍋を温め直しながら暖を取っていると、十九世紀のペテルブルクに生きた九等官、アカーキイ・アカーキエウィッチの姿がしばしば脳裡を過《よぎ》った。

背が低くあばた面で、赤毛の額に禿頭の徴候が見られ、痔にも悩まされている徹底的に冴えない男。衣服にも関心がない彼の制服は、「緑色があせて変なにんじんに黴《かび》が生えたような色」をしている。灰色の寒空の下、制服以上にぼろぼろの、襟を切り取って傷んだ箇所につぎはぎしてきたせいでただの上着——岩波文庫の平井肇訳では「半纏」——にしか見えない外套を着て職場と自宅を往復しているアカーキイ・アカーキエウィッチは、与えられた書類の写字、すなわち清書という仕事を心の底から愛している。より正しく言えば、それ以外のことがまったくできないのだ。自分の筆で丁寧に写し取るべき文書のことで頭がいっぱいになっていて、

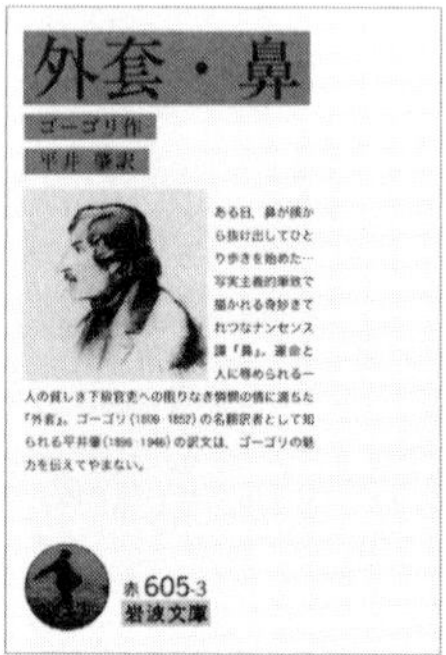

ゴーゴリ｜著
平井 肇｜訳
岩波文庫　480円＋税

堀江敏幸

食事を楽しむ余裕もない。

胃の腑が満たされるのと、音のない文字で頭が埋め尽くされるのとどちらが幸せなのか。仕事から帰ると「早速、食卓につき、大急ぎでおきまりのシチューをすすり、たまねぎを添えた一切れの牛肉をたいらげるが、味加減などには一切無頓着で、蠅であろうが何であろうが、その際食物に附着している物は一緒に食ってしまう」のだから、アカーキイ・アカーキエウィッチにとっての幸福は、どうやら後者のようである。「たいらげる」と書かれている以上、空腹であったことはまちがいない。「おきまり」の一語はメニューがいつもおなじだったことを示唆してもいるだろう。たまねぎに牛肉もあるくらいだから、私がこしらえていたありあわせのスープなどより、栄養面ではよほど充実している。

しかしここに描かれているシチューにはどんな具が入っていたのか。ロシア語を解する者ならなんの問題もないことが、一般読者にはつまずきになる。参考までに講談社文芸文庫版を開くと、キャベツスープになっている。手持ちの仏訳版でも同様だから、普通に考えれば、これはシチューではなく「シチー」と訳されるロシアの伝統料理のことだろう。アカーキイ・アカーキエウィッチは、あたたかいキャベツスープではなく、あつらえたばかりの外套で寒さを乗り切ろうとして悲劇を招いた。清書すべき文書にレストランのメニューでもあったら、彼の人生はまたべつの展開を見せたかもしれない。

『今夜、すべてのバーで』

酒飲みになったからではない(と思う)

居酒屋でもなく、スナックでもなく、「バー」に私がはじめていったのは十八歳のときだ。暗くて、メニュウの文字が意味するところがわからなくて、ものすごく緊張したのを覚えている。その後も幾度かいったけれど、つねに緊張した。緊張しているのを悟られまいとして、きっとものすごく挙動不審だったろうなと今、思う。

十代から二十代のはじめにいった何軒かのバーを、その緊張の故か、未だに覚えているのだが、今再訪すると、笑いたくなる。緊張するべきようなバーでは、まったくないのだ。すべて、バーというより、若い人向けの洒落た飲み屋。居酒屋ではないが、バーとも違う、飲み屋という分類しか思いつかない店だ。ああ、若き日の私は、暗い照明や、高いスツールや、ずらりと並んだ各種酒瓶に、みっともないくらいどきどきしたんだなあとほほえましく思う。

もっとちゃんとしたバーには、仕事相手の大人が連れていってくれた。そこでもやっぱり緊張した。ちっともくつろげなかった。それらのバーは、今でも大人のバー然としているけれど、今はもう緊張することもない。

「バー」がタイトルに入ったこの本をはじめて読んだときも、うわあ、大人の話だ、と思った。単行本が発売されたそのとき、私は二十四歳だった。飲むのは好きだったけれど、重度のアル

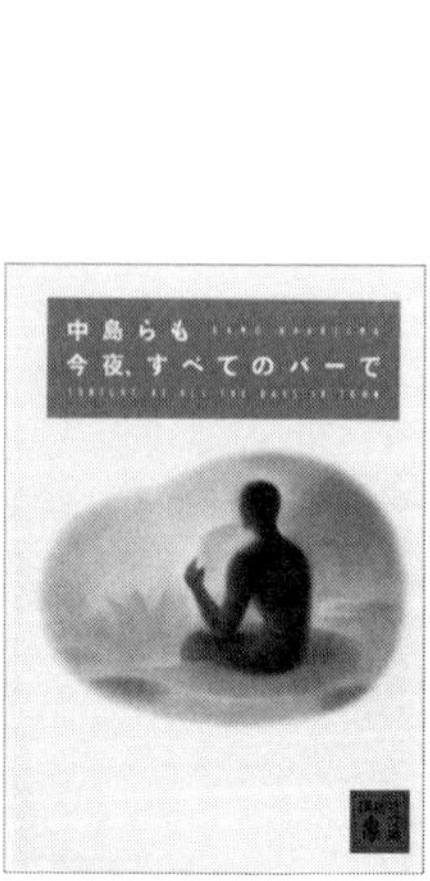

中島らも｜著
講談社文庫　560円＋税

私的読書録 83

角田光代

コール依存症になり入院する小島容は、私の世界にはいないタイプの「大人」だった。理解することもできなかった。飲み方が違う。酒への頼り方が違う。まったく違うのに、容の入院する病棟や、アルコール依存症についての記述、そして容の見る夢の薄気味悪い手触り、すべての描写に説得力がありすぎて、わかってしまう。わかってしまうことが、こわくてたまらない。震え上がりながら、一気に読んだ。

このときの容は三十五歳。彼よりひとまわりも年上になって読み返す。かつてのバー再訪のように、震え上がった自分を、ほほえましく思えるかといったら、大間違いである。なんということか、小島容のことが、じつによく理解できてしまう。しかも文中のさりげない言葉がアフォリズムのように胸に響く。「アル中になるのは酒を『道具』として考える人間だ」、「『教養』とは学歴のことではなく、『ひとりで時間をつぶせる技術』のことでもある」、「飲む人間は、どっちかが欠けてるんですよ、自分か、自分が向かい合っている世界か」等々。ああ、一言一言がびしびし突き刺さってくる。

これは私が、小島容的な酒飲みになったからではない（と思う）。今の半分だった年齢のころよりずっと、人の抱える矛盾、人の弱さ、生きることの過酷さに、自覚的になったからだ。アルコール依存症、および薬物中毒への過程とその後を仔細に描いているからこわいのだと、二十四歳の私は思った。違う。人の弱さと矛盾を、現実の理不尽さを、ここまで誠実に描きあげているからこそ、こわいのだ。（角田）

『蜆』『ボロ家の春秋』所収

偽者ばかりが世の中にいる

戦後まもない東京の、窓硝子の破れから冷たい風が吹き込む省線電車の座席に、両手を膝に挟んで「僕」がじっと座っていると、隣の男がなぜ小刻みに動いているのかと声を掛けてくる。寒いから震えているのだ。そう応えると、男はさらに、お前は外套を持たんのかとたたみかける。そのとおり、「僕」は酒を飲むために外套を売ってしまったのだ。その夜飲んでいたのは粕取焼酎、つまり清酒ではなく代用酒である。代用で我慢するのは悪い精神だという男の言葉に、いくらか酔いも冷めつつあった「僕」は、「飲むものはインチキでも酔いは本物だからな。お前は何か勘違いしてるよ」とまっすぐに応じる。

梅崎春生が一九四七年に発表した『蜆《しじみ》』は、本物ではないものに頼りながらも、本物がないから仕方が無いのだとの理屈で済まそうとする、いわば精神の粕取りに対するいらだちを、「僕」がこの奇妙な男の話を通じて再確認していく物語だ。男は「黒い暖かそうな外套」を着ていたのだが、「僕」が「膝の間から掌を抜いて」その外套に触れて褒めると、要るならやると言う。酒の勢いだけではない。「俺は人から貰う側よりやる方になりたいと思う。そう自分に言い聞かしているんだ」と彼は「偽者」を否定するかのように振る舞う。

驚いたことに、「僕」は外套をあっさりもらい受ける。そして、袖を通しながら、自分は退

梅崎春生｜著
講談社文芸文庫　1400円＋税

私的読書録 84

堀江敏幸

屈だから酒を飲んだのだと男に言う。酒にはいろいろな用途がある。用途はそのつど自分で自分のためにこしらえるものだが、梅崎春生の酒はごまかしや逃げではなく、そのいずれでもない「退屈」を一時的に取り払う手段だった。退屈するのは「偽者ばかりが世の中にいるから」で、「酔いだけは偽りない」から自分は飲むのだと「僕」は男に返し、「お前も相当な偽者らしいな全く」と言い放つ。

酔いの環が混じり合うところから、不満と不安の色が染み出してくる。「偽者ばかり」はびこるのは、なにも敗戦後の日本だけではない。十九世紀のペテルブルクも、いまの日本もそうだ。そして、偽者を見破り、お前は偽者だと難ずる自分の偽者感を拭うことができない者もまたかなりの数いるだろう。「酔い」の力を借りずに、もしくは「酔い」に代わる「偽りない」方法を探してそれをいかに処理するかが、現在の「退屈」を生き抜くための課題でもある。

しかし梅崎春生の小説の舞台は、まだ省線の時代だ。「僕」は外套をふたたび男に奪われ、奪われたあとまた出会って、とある事件の話を聞かされる。それがタイトルの蜆にまつわる物語なのだが、その内容に触れる余裕はない。重要なのは、「偽りではない」酔いを回避し、喫茶店で珈琲を飲みながら真実を語り合ったにもかかわらず、そのあといっしょに外套を売り払って、まがいものの粕取焼酎を痛飲してしまう展開のほうだ。辻褄を合わせるには、この珈琲もまがいものでなければならないのだが、残念ながらそれを確かめる術はない。㊞

『乳と卵』

もっともおいしそうではない卵が描かれる

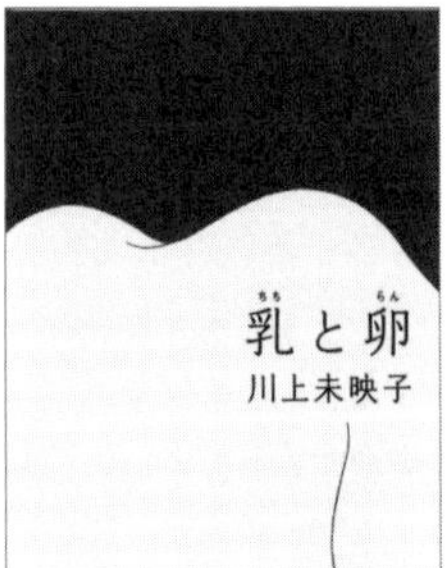

川上未映子｜著
文春文庫　400円＋税

私は卵がかなり好きだ。居酒屋でもかならず卵料理を頼む。自作弁当には何はなくとも卵を入れる。しかも、卵はかたちを変えていろんなところに登場する。オムライスとしてケチャップごはんをつつみ、マヨネーズにまみれてパンに挟まれ、おでんの具と茶色く染まり、蒸されて淡い黄色になる。どんな料理にされても、おいしいし、卵の黄身は色鮮やか。

と、卵の魅力を存分に挙げていると、もっともおいしそうではない卵が描かれる小説が思い浮かぶ。川上未映子さんの『乳《ちち》と卵《らん》』だ。

この小説には女しか登場しない。語り手の姉、巻子と、その娘の緑子。ホステスの巻子と小学生の緑子はふだんは大阪で暮らしていて、夏の三日間、巻子の妹「わたし」の東京の住まいにやってくる。十年前に夫と別れた巻子は、この三日間で、豊胸手術を受けようともくろんでいる。その母親と緑子はうまくいっていないらしく、緑子はいっさい口をきかない。巻子とも、「わたし」とも、ノートとペンで筆談する。

ときおり挿入される、緑子の日記によって、このちいさな女の子が、女性性の獲得というものを、恐怖に近く嫌悪していることがうかがわれる。その恐怖と嫌悪は、読み手である私たちにもじわじわと浸透してくる。胸が膨らみ、体ぜんたいが丸みを持ち、生理がはじまる、その

角田光代

ことへの嫌悪ではなくて、「産む」体になることへの恐怖である。

自分がだれかを産める、ということは、私たちはだれかから産まれてきたと、体で知ることである。緑子はそのことに打ちひしがれている。母親が豊胸手術を望むほどに乳がしぼんだのは、自分を産み、育てたからじゃないかと気づく。産み、産まれる、産まれたら産めるようになる、産んだらしぼんで死んでいく、けれどあたらしいものがどんどん産まれ続ける、その虚無ともいえる途方もない連鎖に、自分自身が組みこまれていることを、緑子も読み手も言葉ではなく、感覚で、さとる。死ぬ、ということをはじめて知ることより、産む、ということを知ることのほうが、こわいかもしれない、女にとっては。

「みんなが生まれてこんかったら、なんも問題はないように思える」と緑子は日記に書く。本当にそうだ、と思う。つらくしんどいことがあるたび、こんなにいい歳の大人になっても私は思う。こんなにつらいことがあるのなら、うれしいことも何もいらない、何もなければどんなに楽か、と思う。それでももう、産まれなかったことを選べない。そして、あ、と思う。何も無いことが虚無か。産まれないことこそが虚無か。ならば、生きて産んで死ぬ、私の組みこまれたその連鎖は虚無ではない。私たちは虚無から逃れて産まれてきたのだろうか。

そうして小説は、卵がとってもまずそうな場面へと続いていく。産む、産まれることを否定するかのように母子はどんどん卵をつぶす。ああ、いやだと思う。こんな言い合いも、関係も、つぶれる卵も、汚れた床も、卵で汚れていく体も、いやだいやだ。でもこれが、こういう「ああ、いやだ」と思うことこそが、虚無の反対で、そのために私たちが産まれてきた何かなのかもしれない、そんなふうに思わせる、色っぽい爽快がこの小説にはある。(角田)

『洋食屋から歩いて5分』

餃子は、何かを付け足してひとつの味になる

片岡義男｜著
東京書籍　1300円＋税

短冊に黒マジックで書かれたメニューがずらりとならび、朱色の化粧合板が張られたカウンター席とやはりおなじ色のテーブルが二つ三つ置かれた町の小さな中華料理屋で、若い頃はよく餃子を食べた。焼き餃子である。ひとりのときも連れがあるときも、単品で注文することはなく、かならず白ご飯と中華スープとを組み合わせた定食の形にしていた。別々に頼むより安かったからではなく、餃子を口に入れると、どうしてもご飯が欲しくなったからだ。ひたすら餃子だけ食べてお腹を満たそうとする客に、私は一度も会ったことがない。夕食時には、餃子をつまみにビールを飲んでいる背広姿のひとを見かけることもあったけれど、彼らはたいていあがりに拉麺や炒飯を追加注文していた。あの店は餃子がうまいと教えられて実際に出かけたとしても、水だけで餃子を何皿もいただくという展開にはならないのではないか。餃子は、どんなに完成されたものであっても、なにかを付け足してひとつの味になるよう運命づけられている。そんな歪んだ考えに、私はずっと囚われていた。

一九六〇年代なかば、二十五歳の青年が、赤羽駅近くにある餃子の店を訪ねる。狭い路地で中年夫婦が切り盛りしているその店の「小ぶりなぷっくりした芳しい」餃子は、「たいへんおいしいものだった」。それからしばらくのあいだ、青年は常連客となる。彼にその店を教えた

人物は、二つ年下の女性も紹介してくれていた。「ややきつい印象をあたえる目鼻だちだったが、誰の目にも美人に見えたはずだ。ややきつい印象は、目鼻だちにとどまるものではなく、明確な意志によるクールな判断力にまで届いているもののように思えた」と彼は書いている。

夏に喫茶店で一度会ってから、彼はその「美人」の職場に電話をして二度目の約束をとりつけ、毎週土曜日の午後、彼女が住んでいる十条の商店街の入口で落ちあって、二時間ほど端から端まで歩きながら陳列してある品々の感想を述べ合い、午後四時に別れるという「不思議なデート」を重ねる。そして、六回目のデートのあと、「もうこれで会わないようにしましょうか」と告げられる。激しく狼狽し、「彼女から丸ごと返却されたと言っていい自分を、すべて受けとめ」つつも、素直に駅に向かうことができず、なぜか銭湯に入っていこうと思いつく。「銭湯に入り、湯上がりにコーヒー牛乳を買って飲み、十条銀座を歩いて駅へ向かった。そして赤羽へいき、いつもの店でいつものとおり、餃子を二人前食べた」。

彼とはすなわち「彼女と別れて銭湯のあと餃子」と題する回想風エッセイの語り手のことで、書き手としては片岡義男の名がクレジットされている。コーヒー牛乳との連繋の是非はおくとして、餃子を二人前食べて立ち去る彼の姿を見て、私の歪んだ認識はきれいに正されたのだった。

（堀江）

『ぐりとぐら』

おいしかったなあ、ぐりとぐらのカステラ

幼少期を日本で暮らした人で、『ぐりとぐら』を知らない人はいないんじゃないか。そのくらい有名な絵本だ。ぐりとぐら、といえば、カステラ。だから、この、真っ黄色の大きなカステラも、知らない人はいないということになる。

このカステラの不思議なところは、ほかの絵本と違って、食べられることだ。子どもはみんな、どういうわけか、ぐりとぐらが森で見つけた巨大卵で作るカステラを、食べる。味わう。それは私たちの脳みそとたましいに刻みこまれ、「おいしかったなあ、ぐりとぐらのカステラ」と記憶される。そして大人になって、戸惑う。あのカステラが、どこにもないからだ。文明堂の？　福砂屋の？　それぞれおいしいけれど、違う、それは私の知っているあのカステラではない。もしかして、色合いからしてあれはホットケーキだったのかも？　試してみる。違う、違う、ホットケーキはやっぱり違う。かくして私たちは永遠にさがしもとめることになる。ぐりとぐらが食べさせてくれた、あの黄色い大きなカステラを。さがしだせないことに焦れて、作る人まで出てくる。ぐりとぐらのカステラのレシピは、いろんな本で紹介されている。

甘い菓子はどんどん進化して、私が子どもだったころにくらべたら信じられないくらいさまざまな種類のケーキやチョコレートがあるし、スイーツなんて洒落た総称で呼ばれていたりす

なかがわりえこ｜著
おおむらゆりこ｜絵
福音館書店　800円＋税

角田光代

るけれど、私たちの原点は、『ぐりとぐら』のあの、カステラだと私は信じている。甘い菓子への夢や信頼や幸福を、読み書きもおぼつかなかった私たちはまず、あのカステラで得た、と思っている。

ピッピのジンジャークッキーも、アンのいちご水も、モモちゃんのアイシューモも、私たちは思い浮かべ、どんなものかわからないけれど、きっとおいしいんだろうな、とその味を想像してたのしむ。けれど、『ぐりとぐら』は、違う。想像じゃないのだ。どうしてだろう？どうしてあの味を知っているんだろう？

つねづね不思議に思っていたが、その答えを見つけてしまった。雑誌『文藝春秋』にのった、『ぐりとぐら』作者の中川李枝子さんのエッセイにその答えはあった。中川さんは保母学校を卒業し、保母さんになり、『ちびくろサンボ』を読み聞かせする。一九六〇年代、ホットケーキなど食べたことのない子もまだ多く、最後の、トラがホットケーキになる場面ではみんな大喜びする。「もっともっと子どもたちにホットケーキを食べさせてあげたい。いや、私の子どもたちにはもっと豪華なカステラを食べさせてあげよう」そんな気持ちからこのネズミたちのお話を思いついたのだと、エッセイには記されていた。

だからだ。私たちは作者の子どもになって、実際に食べさせてもらっていたのだ。食べても食べても尽きぬほどの、大きな甘いカステラを。

いろんな国の、いろんな種類の、さまざまな味のスイーツがあふれかえる今でも、このカステラが、子どもたちの原点になるといいなと思う。だってそうしたら、年代を超えて話すことができるじゃないか。ねえ、あのカステラ、本当においしかったね、と。

（角田）

『象とカレーライスの島』

私は、カレーライスの国を旅してきました

「その国では、朝も昼も晩もカレーライスを食べているのです。それも一日きりではありません。毎日毎日のことなのです。／私は、カレーライスの国を旅してきました。／カレーライスの国と私がよんでいるのは、じつはスリランカ共和国のことなのです」

庄野潤三の兄英二がスリランカに発ったのは、一九七六年十二月十九日。同月三十日まで滞在し、島内一周の旅の思い出を、翌年、『象とカレーライスの島』という、少なくとも当時の子どもたちの日常的想像力には不可欠の要素を三つもならべた完璧なタイトルの、やわらかい紀行文にまとめた。

とはいえカレーライスを食べるためにわざわざ出向いたのではなく、旅先ではその土地の食べ物を味わうという自身の規範に基づいて行動しただけのことである。シンガポール経由で翌二十日の昼にコロンボに到着してみると、ホテルの食堂ではみながカレーを食べていて、メニューにもカレー料理しか載っていなかった。他に選択肢がなかったわけだ。

そこからはもうひたすらカレー漬けの日々である。最初に食べたのは、「ご飯を入れた器と、カレー汁の中にエビの入った皿」が出てくる一品で、米はもちろんぱらぱらしたインディカ米だった。素手でまぜあわせて口に入れるという正しい食べ方に不慣れな作者は素直にフォーク

庄野英二｜著
こさかしげる｜絵
あかね書房　絶版

堀江敏幸

とスプーンを使うのだが、昭和五十年代はじめの子どもにとって、食べ方よりも長米の食感を想像することのほうが難しかったのではあるまいか。ルウではなく汁という表記も時代を感じさせずにおかない。

コロンボ到着の晩はビーフカレー。以下に具だけ記すと、二十一日の昼がカニ、夜はサワラのような魚、二十二日の昼がチキン、夜が魚、二十三日の夜が牛肉、二十四日の昼も牛肉、夜は「いつもと変りのないスリランカ風」、二十五日の夜の、「クリスマスの特別献立も、もちろんカレー料理」、二十六日の夜がイセエビ、二十七日の昼もイセエビ、夜がカニ、二十八日には記述がなく、二十九日昼は魚。最終日にも食事の記録はないけれど、カレーを食べたことはまちがいないだろう。ただ、これだけのメモがありながら、おいしいの一語もないことに驚かされる。カレーの味の満足度は、食後のマンゴーやパパイヤ、アイスクリーム、そしてミルク入りの紅茶への言及から好意的に想像されるのみだ。

もっとも、紀行文の主題はカレーだけではない。車の運転手兼案内人として雇った若者との交流も心に残る。慎み深く誠実で家族想いの彼を、六十代の作者はやさしい目で見守り、一日、弟や妹も誘って海に行き、浜で象に乗せてやった。別れの日、若者は空港で、日本に連れて行ってくれと大粒の涙を流す。だだをこねるような突然の涙が、ぱさついた米にも似た大人の私たちの白い心に、貴重なスパイスとなってじんわり染みわたる。何皿でもおかわりしたくなるような、ごくあたりまえの深みがここにはある。㊞

『牛肉と馬鈴薯』『牛肉と馬鈴薯・酒中日記』所収

「一生これしか食べてはいけない」と言われたら？

　『牛肉と馬鈴薯』はおそらく高校生のころ読んで、理解を放棄し、以来、この作家は私の世界に存在しなかった。書店で名前を見ても素通りしていた。ようやくその名前がしっかり刻まれたのは、嵐山光三郎さんの『文人暴食』（新潮文庫）という本を読んだときだ。

　この本は三十七人の作家と、彼らの食、作品、人生について描かれていて、とんでもなくおもしろい。作家ひとりひとりの人間らしさがじつに魅力的に描き出されていて、それまで名すら忘れていた作家も、つい愛してしまうほどなのだ。

　それで『牛肉と馬鈴薯』を読み返す。やっぱりどうにもわからない。

　いや、むずかしい話ではない。ある場所に集った男性たちが、人生は理想を優先すべきか、現実に従うべきかを討論する、という話。

　まずわからなくなるのが、ここで言われている理想は馬鈴薯、芋にたとえられ、現実は牛肉にたとえられているところ。「えっ、逆じゃないの？」とまず混乱する。違うのだ、清貧が理想で、贅沢を望む欲深い現実が肉にたとえられている。そこを理解しないと、そもそもの最初からよくわからなくなるのだが、読んでいてもやはり、途中で脳みそが勝手に「牛肉が理想で……」と解釈しなおしていて、また混乱する。

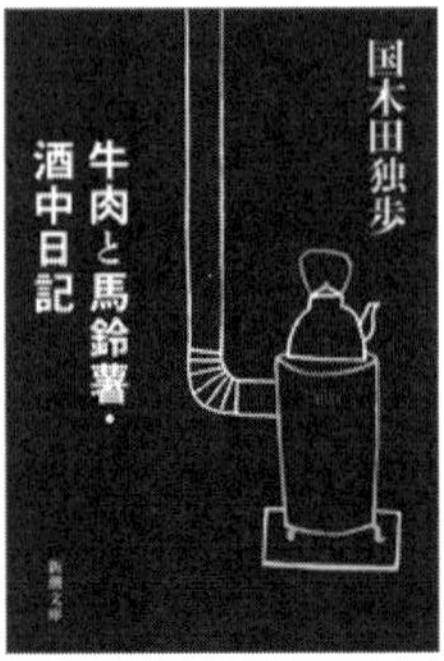

国木田独歩｜著
新潮文庫　550円＋税

このなかの、作者の分身とおぼしき男性の独白が『岡本の手帳』という独立した短編小説になっている。それはすさまじいまでの、真理への希求である。この世の理、森羅万象、宇宙、そうしたものに触れたいと、作者の分身はくり返す。私はここで、自分がこの作家を理解できず放棄したことの理由が、ようやくわかったような気がする。森羅万象に触れたい、真理に触れたいと、まっさらなきれいな気持ちで思ったことが私にはただの一度もなく、よもやそんなことが小説に書かれているはずがないと決めつけているのだ。十代の若き日でさえ、そうだったらしい。

ところが『文人暴食』の国木田独歩を読んでいると、本人はまっさらなきれいな人でもなかったようである。牛肉と馬鈴薯のたとえでいうなら、特上カルビ並みの肉なのではないか。しかも食通で、食い意地のはっていたこの作家は、肉を好んでいたという。朝から飲んで、酒場で乱闘というエピソードと、敬虔なキリスト教徒というのも、私のなかではうまく重ならない。だからこそ、馬鈴薯なのか、とようやく思う。肉が好きで酒が好きで、でもそんなもののいっさいない、濁りのない澄んだ世界を夢みたのだなあ。はじめて、理解不能だった作家に共感を覚える。

「明日から、一生これしか食べてはいけない」と言われたら、何にする？　と友だちと話すことがある。カレーとか、鮨とか、なるべく飽きないものをみんな挙げる。私の答えはそのときどきで変わるが、「焼き肉」がいちばん多い。肉もいろんな部位があるし、味つけも変えられて、そんなに飽きないのではないかと思うのである。肉、好きだし。――はっとする。こういうどうでもいい話を、独歩は後世に残る小説にしたのか。そしてただの肉好きである自分を恥じて、うなだれる。

『枕草子』

削り氷にあまづら入れて

家庭用かき氷製造器と呼ばれるものはいまでもあるようだが、かつて実家で使っていたのは、円筒形の容器の、一方の底面を刃のある円盤に、もう一方を回転式ハンドルのほうに固定してくるくる回すというきわめて簡素なモデルだった。同時期に複数のメーカーから販売されていたけれど、基本的に構造はおなじである。筒の底か蓋の内側のどちらかに三つか四つの突起があり、凍らせて取り出すとそこが穴になるので、回転盤の側の爪を嵌め込んでつよく押しつけるように固定し、氷が刃に当たるときのなんともいえない抵抗感を楽しみながらハンドルを回すと、しゃりしゃり削られた氷が受け皿に落ちる仕組みだ。

夏の盛りに口にするのだから、基本的には冷たくて甘ければいい。家で食べられるなら、甘味処に行くまでもないだろう。幼い頃はそう考えることもあった。しかし、どんなに鈍い子どもでも、自家製かき氷とお店のものとの決定的なちがいには早くから気づいていた。つまり、氷の味だ。もとをただせば、氷になる前の水の質。ミネラルウォーターも一般的ではなく、蛇口から出てくる水になんの疑いも持たなかった時代である。塩素たっぷりの水道水を、いろんな臭いを閉じこめた冷蔵庫の製氷室で凍らせるのだから、氷には妙な味が付く。製氷屋の氷が気持ちよく透きとおっているのに対し、こちらはところどころ白っぽくなっていて、いかにも

清少納言｜著
池田亀鑑｜校訂
岩波文庫　940円＋税

私的読書録　90

堀江敏幸

雑だった。

水の質を考慮すれば、まだ世の中が工業化される前の、湧き水や井戸水を氷室でじっくり凍らせてできた氷にまさるものはない。そのように澄んだ氷に掛けるとしたら、着色料や保存料に満ちたシロップではなく、やはり自然の甘味を添えてやるのが理想的だろう。ただし、それには、途方もない手間暇がかかる。

その最たる例が、かき氷の話になるとよく引用される『枕草子』の「あてなるもの」、すなわち上品なものとしてまとめられている短い段の、「削り氷《ひ》にあまづら入れて、あたらしき金《かな》鋺《まり》に入れたる」という一節で、これが十世紀末にどれほど贅を尽くした食べものであったかは想像にかたくない。冬場に作った氷を京まで牛車で運ぶのだから、解け残ったのはごくわずかだったはずである。「あまづら」とは葛の樹液を煮詰めた甘味料だが、これにしたって冬の枝でないと甘さは出ないらしい。ふたつの不安定な材料を、わざわざ夏に合わせて口に入れるために、都の外でだれかが必死に働いていたわけである。

それにしても、清少納言の感覚は鋭い。天然氷を削り、天然シロップを掛けるとして、なに に盛ったらいちばん涼しく、美味しく、かつ見映えがよいか。金属製の鋺なら思いつく者がいるかもしれない。けれど彼女はそこに「あたらしい」のひと言を加えるのだ。それだけで冷たさの階級がひとつあがり、甘味も増す。「あてなるもの」とは削り氷ではなく、こうした表現のあまづらをこそ指すのではないだろうか。（堀江）

『サンドウィッチは銀座で』

それは誠意のかたまりである

外食でサンドイッチを食べることは、めったにない。昼食時に打ち合わせで入った喫茶店に、食べものがそれしかなくてやむなく食べるか、反対に、「ぜったいにサンドイッチを食べる」と決めて目当ての店にいくか、くらいだ。でもサンドウィッチという表記だと、俄然、外食という気がしてくる。

『サンドウィッチは銀座で』は、著者が担当編集者とともに、気になる食を求めて各地をさすらう食エッセイである。が、書き手は平松洋子さん、どこの何がおいしいというような、たんなるグルメエッセイではなく、何かこう、研究書のような趣すらある深い一冊である。社員食堂ってどういうところ？　と思ったら、七社を訪ね、料理人にもインタビューしている。ビールを飲もう、となったら飲み比べのはじまり、ここでも取材。ともかくその場へいき、話を聞き、味わい、他との違いをさがし、納得し、書く。

はじめて平松洋子さんの著作を読んだとき、向田邦子だ山口瞳だ、あの感動の再来だとひとり浮かれた。読むことで味わわせてくれる、稀代の、かつ、同時代を生きる作家にようやく会えたと思った。その人が書く、オムライス、うなぎ、どぜうにふぐ、おいしくないはずがない。ああおいしい、ああほんっとうにおいしい、と味わいながら、読んでいる。そして、サンドウイッチ。

平松洋子｜著
文春文庫　550円＋税

角田光代

木村屋總本店「小海老のカツレツサンド」、洋菓子舗ウエスト「トーストハムサンド」、帝国ホテル「アメリカンクラブハウスサンドイッチ」、はまの屋パーラー「スペシャルサンドゥイッチ」、千疋屋「フルーツサンド」と、次々と紹介される。サンドウィッチがとくべつなものに思えてくる。外食の範疇に入れていなかった自分を激しく後悔したくなる。

そして満を持して登場する「カツサンド」。紹介されているのは、文壇バーに出前されるカツサンドである。銀座でなければあり得ない登場の仕方だ。そしてここで描写されるカツサンドの、なんとおいしいこと。酒を飲んでいる気持ちにまでなる。酒を飲んで小腹が空いたとき、ラーメンでなくカツサンド。なんと大人っぽい選択だろうか。

カツサンド、と聞いて多くの人が思うのは、最近では駅弁ではなかろうか。新幹線乗り場でも空港でも、数種類のカツサンドが並んでいる。「ちょっと」「がっつり」食べたいという矛盾した気持ちを満たしてくれるのだろう。でも、ここで描かれるカツサンドを味わうと、なんだか弁当のあれはお菓子みたいに思えてくる。世のなかには、もっと大人が味わうべきカツサンドがあるのだ！

さらに、ハイボールの名店で出される「生ハムとカマンベールのサンドウィッチ」、持ち帰り専門の「コロッケサンド」と魅惑のサンドウィッチは続く。

そうして読み終えると、銀座という、特殊な町が浮かび上がる。昭和初期から続く商店があり、無数のバーがあり、バーで働く人たちを相手にした店があり、華やかで、大人っぽくて、昭和のにおいも残り、時代の先端ではないけれど、お洒落して出かけなくてはならない町。そんな町に、たしかにサンドウィッチはよく似合う。「サンドウィッチは誠意のかたまりである。」はっとさせられる。

『三の酉』『春泥・三の酉』所収

明るい宴のまんなかに、おでんがある

おでんはひとりで食べるものじゃないと言ったら、そうかな、俺はひとりで食べるよ、と知人は反駁した。屋台でもお店でも、自分は遠慮なくひとりで入って、ゆっくり酒を飲む、これぞ最高の贅沢だと息巻くのである。

おでん屋に入ったことは数えるほどしかないけれど、いつも連れがいた。気持ちよさそうに出汁につかっている具を前にすると、心のこわばりがすっと抜けて行く。仕事がらみの微妙な話題を、あのほのかに甘味のある湯気がまるく収めてくれるのだ。隣に監視の眼があれば、はしたなくあっというまに平らげたりせず、串を持って端を囓ったり、わざわざ箸で細かくしてから口に入れたり、品良く時間を稼ぐこともできる。

告白すると、私はお酒なんかどうでもよくて、ひたすら食べたいほうである。好きなおでんなら、できるだけたくさん、動けなくなるまでお腹に入れたい。おでんをおかずにして、白いご飯も食べたい。炭水化物にまみれ、血糖値があがっても、楽しく食べて、楽しく話したい。というわけで、いちばんの理想は、家族と、あるいは親しいひとたちと卓を囲むことである。おでんの力は、来客にもよい効果を及ぼす。ひとりではけっして味わえない気持ちが、居合わせたみなの胸を満たすのだ。

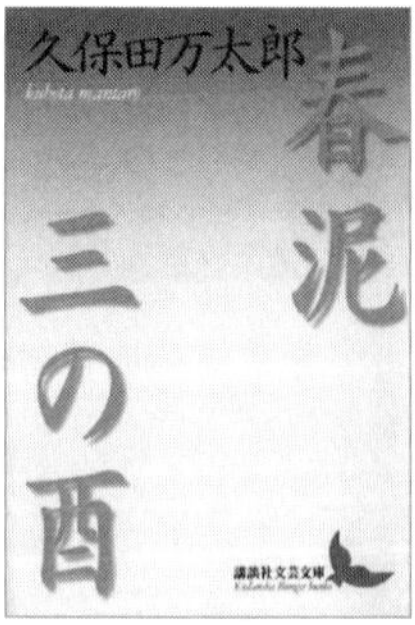

久保田万太郎｜著
講談社文芸文庫　1200円＋税

堀江敏幸

久保田万太郎に『三の酉』という短篇がある。語り手の「ぼく」は、好意を持っているおさわという赤坂の芸妓が、お酉さまの日に男と歩いているのを見て嫉妬にかられ、あいつは誰なんだと迫る。おさわは吉原の引き手茶屋の生まれで、年は四十五、六になる。十四のとき震災で両親を亡くし、十五の年から三十年、この道を歩いてきた。問い詰められたおさわは、四、五日前、茶屋時代のお酌係でいまは日本画家の妻として鎌倉の材木座で暮らしている馴染みの女性のもとを訪ね、引き留められるまま一泊したという話をする。

その家で御馳走になったのが、手作りのおでんだった。「長火鉢の、たッぴつにつがれた火のうえにかゝった鍋の中には、みるから食慾をそゝるおでんが、ふつと煮えて」いて、大根、すじ、お豆腐、どれもじつに美味しかった。明るい宴のまんなかに、おでんがある。おさわは知人の幸せそうな顔を見て、「これだ、これなんだ、これでなくっちゃアいけないんだ」と胸が一杯になる。

語り手が目撃した男は、そのお招きの翌日、電車のなかで偶然会った顧客だった。成り行き上、お酉さまへいっしょに行って夜の食事をしたものの、おさわはそこで、自分に《心の住処》がないことに気づいた。

久保田万太郎は台詞だけで、心の住処ならぬ心の隙を浮かびあがらせる。言葉がすべて具になって、気持ちの湯気が立つ。結末がどんなにさみしくても、それが物語をあたたかく包み込むのである。（堀江）

『味』『あなたに似た人〔新訳版〕Ⅰ』所収

一編ずつ、ゆっくりと飲む

　ロンドンのお屋敷で晩餐会が行われる。集まったのは「私」を含めて六人。自他ともに認める美食家のプラットという男、語り手である私とその妻、そして主宰者のマイクとその妻、娘。この会合ははじめてではなく、以前にも行われている。その都度、とくべつな料理とすばらしいワインが用意され、そしてある特定のワインの銘柄と収穫年をめぐっての賭けがあった。二度あったその賭けには、いずれもプラットが勝利をおさめている。

　そうしてこの晩餐でも、その賭けは行われるのだが、賭けられる対象となるものが、ワイン一ケースなどではない、もっととんでもないしろものにつり上がってしまう。

『あなたに似た人』という、二巻の短編集の、一巻目冒頭の『味』という小説だ。本当に短い小説なのだが、小説内の緊迫感がものすごい。読みはじめるやいなや、私たちもそのお屋敷に入れられて、晩餐の席に座らされ、その奇妙な賭けを見守ることになる。私たち自身は、その賭けには関係ない。あくまでも、美食家を名乗るプラットと、晩餐のホストであるマイクとの賭けにすぎず、私たちは、お金もいのちも奪われることはない。なのに、こわい。なんなんだ、このこわさ。

　ぴんとはりつめた空気のなか、プラットは注がれたワインの匂いを嗅ぎ、目を閉じたまま口

ロアルド・ダール｜著
田口俊樹｜訳
早川書房　760円＋税

角田光代

に含み、空気を吸いこんでワインの香りを攪拌する。そして、どこのワインか、あてにかかる。サンテミリオンではない、メドックだ。ではメドックのどの村？　マルゴーではない、ポイヤックではない……と消去法で推測を進めつつ、それぞれのワインの特徴をさらりと説明する。この説明が、なかなかに読み応えがある。ソムリエのような凝った表現は使っていないのに、こちらの味覚や聴覚に訴えてくるものがあって、読みながら、その豊穣なワインを嗅ぎ、味わうかのようだ。

異様な緊張感をいっときもゆるめず、高めたまま、すとんと短編小説は終わる。ええっ、と思わず声が出る。そして気がつく。お屋敷ではなく、私は自分の部屋にいて、ワインも飲んでいないということに。ただ残るのは、奇妙なものを目撃してしまった、というちいさな高揚である。この「奇妙なもの」は、ワインの描写とともに、この作家の短編の至るところで見られる。それは、まっとうで常識的な人間の内に巣くう、とくべつでもなんでもない、ねじれや歪みといったものだ。だれしもが持っている。私の内にもある。それがあるとき、何かのきっかけで狂気に姿を変える。人を殺傷したり脅したり、社会的地位を失ったりする、大それた狂気ではない。一線を踏み外してしまった、そう実感してだらだらと冷や汗をかくのは、自分自身だけである。そこがなんとも、こわい。

しかしながら、ただこわいだけではないのも、きっとこの作家の魅力なのだろう。私たちの抱くちいさなねじれは、笑ってしまうくらいささやかな、子どもっぽいものだ。そのユーモアもきちんと味わえる。

私はこの作家の短編集を一気に読むことができない。「奇妙なもの」に触れすぎて、酩酊したような気分になるからだ。一編ずつ、ゆっくりと飲む。高級なワインのように。

角田

『鮨』『鮨　そのほか』所収

捨てるくらいならだれかにあげたい

見ず知らずの方から、よく声をかけられる。ぽおっとした顔でふらふら歩いているので、いくらでも隙があるのだろう。いちおう用件はあって、大半は道を尋ねられてそれで終わりなのだが、時々、食べものや飲みものをもらってくれないかと頼まれる。身のまわりに同種の経験のあるひとは少ないらしくて、この話をするたびに、もらったものをむやみと口に入れてはいけませんと、子どもを叱るみたいな言い方で注意されることもある。ばい菌がついているかもしれないし、毒が入っているかもしれない。処分しきれなかった盗品かもしれない。しかし事実として、こと食べもの飲みものに関しては、私はほどこしを受ける側の人間で、今年は春に一度、夏に一度、先だって一度の、計三度、申し出を受けた。春は花見のあとの公園を歩いていて、未開封のみたらし団子を渡された。買いすぎたらしい。夏は、バスで乗り合わせたおばさんから熱い缶コーヒーをもらった。自販機でボタンを押しまちがえたのである。「若いひとなら飲めるでしょう」と言う、その「若い」のひとことに心を動かされて私は頂戴した。そして先だっては、終電前の満員電車で席を譲った白髪の紳士に、とつぜん、折り詰めを差し出された。今晩のうちにわたしは食べられそうにないのですよ、ひとり暮らしでしてね。鯖寿司だという。さすがに辞退すると、紳士は悲しそうな顔をした。だれかが時間をかけて作った食べ

阿川弘之｜著
新潮文庫　550円＋税

私的読書録 94

堀江敏幸

ものを、そのままゴミ箱に投げ入れるのが忍びないのもよくわかる。捨てるくらいならだれかにあげたいと考えるのは、ごく自然なことだろう。

阿川弘之に『鮨』という掌篇がある。上野駅から特急で三時間のところにある町のセミナーに参加した帰り、主人公の「彼」は折り詰めをもらう。その夜はおそい夕食の約束があって、手を付けるわけにはいかない。それでも、中身が気になって開いてみると、鮨の詰め合わせだつた。「細い胡瓜巻き、干瓢巻き、紫蘇巻き、大きな玉子巻き、中に色々具の入つた所謂巻寿司、それが四角なへぎ折の内にきちんと納つてゐて、巻き立てらしく、海苔の香りとかすかな酢の匂ひがし、米粒の艶もつやつやと、食ひ気を誘つた」。彼は手摑みで海苔巻きをひとつ口に入れ、すぐに後悔する。残りをどうしたらいいのか。ほどなく、終点の駅の界隈にいる、宿のないひとたちに食べてもらおうと思いつく。こんなものをいきなり渡されて怒られやしないかと案じながら、彼は未使用の割箸とお手ふきを入れて包み直した折り詰めを持って、上野駅の地下道でスポーツ紙を読んでいたそれらしき男性に声をかけた。すると「蓬髪で、前歯が欠けてゐて、両方の犬歯だけのぞかせ」たその男は、事情を聞くとふいに立ち上がり、「きちんと、不動の姿勢に近い姿勢をとつた。それから、身体を斜め前へ倒して一礼し、／『戴きます。有難うございます』／と、両手を差し出して、呆気に取られてゐる彼の手から、鮨の袋を受け取つた」。

兵隊の経験があるのかもしれない。そう思って一週間後、用事のついでに確かめに行くと、男の姿はなかつた。「彼」とともに、鮨がちゃんと食べられたことを祈りたい。（堀江）

『津軽』

恥ずかしいのである。照れくさいのである

私はかつてこの欄で、太宰治の『斜陽』を取り上げて、出てくる食べものがぜんぶまずそう、と書いた。それは今でもそう思う。では飲みものはどうだろう。太宰治で飲みものといえば真っ先に浮かぶのは酒。太宰作品のなかで、酒のためにどんどんだめになっていく男の姿はよく描かれる。

『津軽』は、太宰治が数え年三十六歳のとき、故郷津軽を旅して記した作品である。苦しいから旅に出ると妻に告げ、五月の中旬、語り手の作家は上野から列車に乗る。

朝の八時に青森に着いた作家は、友人宅にいって酒を御馳走になる。翌日、蟹田という村に向けて出発し、到着後、今度はべつの友人宅で、蟹を御馳走になり酒を飲む。大勢で飲み、酔っぱらった作家は、みんながべつの作家についてばかり話すのに嫉妬して、その作家をけなし、自分の仕事をみとめろと迫る。蟹田で、旅館に移動してまた飲む。友人宅に移動してさらに飲む。

ともかく旅のあいだ、飲みっぱなし。ずーっと飲んでいる。恥ずかしくて飲む酒があり、歓待の気持ちで飲む酒があり、たのしくなって飲む酒があり、ふてくされて飲む酒がある。読んでいると、こちらも酔ったような気分になる。味というより、熱燗の温度、外の寒さ、ゆっく

太宰 治｜著
新潮文庫　430円＋税

角田光代

り酔っていくあの感覚、そうしたものが直に伝わってくる。そしてこの作品では、めずらしく食べものも仔細に描かれている。

私はかつて仕事で、この『津軽』をたどる旅をしたことがある。驚いたことに、どこにも太宰の碑や銅像がある。蟹田から友人と登った山の上に碑があり、そこから旅した竜飛崎には太宰の泊まった旅館が観光案内所になっていて、太宰の宿泊室を見ることができる。この岬にも文学碑がある。金木町の生家は斜陽館になっているし、その近くの芦野公園にも銅像がある。斜陽館の一室は、帰った太宰が家族と蟹を食べた部屋まで展示されている。この作品のラスト、作家は、かつて子守をしていたタケという女性をさがしにいき、再会するのだが、この小泊という町にも碑や銅像だらけ。こんな作家はほかにはいない。

立派な作家とはほど遠い。この作品だって、飲みっぱなしなのである。家族を置いて旅に出て、飲んでべつの作家をけなし、飲んで大声で歌い、巧妙に酒を催促する。どちらかといえばやはりだめ男。それでもこれだけの碑、銅像がある。私は碑や銅像を見ているうちに、太宰本人がすべて建てたような錯覚を抱くにいたった。そのくらい、この作家は自分を見ろ、みとめろと言っている。

その自意識も含め、飲まずにいられない、酔わずにいられない、その弱さも含め、多くの人に愛され、同じくらい多くの人に嫌われる。この作家はザ・共感作家なのだと思う。私もこの作品の、人に会ったら「まず飲む」気持ちがよくわかる。恥ずかしいのである。照れくさいのである。だから飲む。飲んでようやく、心を開いて話すことができる。そうしてときに、失敗する。本作中、「酒は身を飲み家を飲む」というポスターを見て、作家と友人が顔を見合わせにやりと笑うとき、私もなんだかにやけてしまうのである。

(角田)

『蘆刈』

『蘆刈・卍』所収

叶えるべき夢が、全部並んでいるではないか

谷崎潤一郎｜著
中公文庫　絶版

蕎麦屋で酒を飲むのと、うどん屋で酒を飲むのと、はたしてどちらが粋なのか。なんとなくさまになるのは前者だという気がするのだが、鬼平こと長谷川平蔵のように、いずれの暖簾をくぐっても違和感なく酒を飲める男がいる以上、これはたんなる思い込みにすぎないのだろう。私の場合はお腹を満たすことしか考えていないので、酒を飲むどころか本筋であるはずの麺類をことごとく無視して、より膨満感の得られそうな丼物を選ぶことも少なくない。丼物は蕎麦屋にもうどん屋にもあるから、そこに大きな葛藤は生じないのだ。

とはいえ盃に徳利が載っている光景はよいものだし、雑誌で紹介されるような小粋な店でゆっくり日本酒を味わうのは憧れのひとつだと、つい口にしてみたくもなる。そこであらためて、蕎麦屋かうどん屋かの二者択一を迫られたとしたら、私はとりあえず、蕎麦屋とうどん屋の一体化した店しか知らないことは伏せたうえで、うどん屋と答えるようにしている。

そう述べるに到ったきっかけは、天気のよい九月の午後、ふと思い立って後鳥羽院の離宮があった水無瀬を訪ねようと決めた男のあとを、ふらふらついていったことである。文字のなかにしか存在しないその男、つまり谷崎潤一郎『蘆刈《あしかり》』のなかで「わたし」と名乗る語り手の言葉に付き従っただけの話だが、ちょうど十五夜に当たるから、帰途に淀川べりで満月を楽しむ

私的読書録 96

堀江敏幸

のも一興だと男は考えたのだった。

　社の境内を出て川のほとりを散策していると、いつしか黄昏が近づいて肌寒くなり、少しお腹も空いてきたので、語り手は街道を引き返し、月が出るまでの暇つぶしに、変哲もないうどん屋に入る。そこで「饂飩《うどん》屋の灯を見つけて酒を二合ばかり飲み狐うどんを二杯たべて出がけにもう一本正宗の罎《びん》を熱燗につけさせたのを手に提げながら」月夜の下を歩くという一節に出会って、私はすっかり痺れてしまった。叶えるべき夢が、ここに全部ならんでいるではないか。丼物でなくても、狐うどん二杯なら腹は満たされる。おかわりを恥ずかしがってはだめなのだ。酒が二合胃の腑に収まり、さらにテイクアウトの熱い正宗とくれば、文句のつけようがなかろう。

　このあと彼は渡し船に乗って広い川の中州に行き、対岸への船にはすぐに乗らないで草の原を散歩する。「提げてきた正宗の罎《びん》を口につけて喇叭《らっぱ》飲みしながら」白楽天の詩句を吟じ、空になった罎《びん》を川に投げ捨てたところで、語り手は偶然出会った男から正宗と正反対の瓢に入った冷酒を振る舞われるのだが、この一篇を動かしているのはやはり木の香りのするその酒ではなく、「狐」うどんを二杯食べたあとの、化かされたような酔いのほうだろう。なにかでくるまなければ熱くて持てないのではないかと気になりつつも、この熱燗の正宗がもたらす酩酊と詩歌への傾きが、私をうどん屋に近付けたのだと言っておこう。ただし、現実世界で語り手の真似をするとしたら、罎《びん》は川に捨てずに持ち帰るだろうけれど。（堀江）

『土曜日の午後』『逆さまゲーム』所収

土曜日の朝、リコッタ・チーズ入りのラヴィオリを作る

「ものごとの、なんのことはない裏側」というロートレアモンの言葉が、この短編集の冒頭に引用されている。著者による本人のまえがきには、「ある日、予知できない人生の状況のなかで、それまで《こうにちがいない》と思っていたことが、そうではないと気づいた、そんな発見。これらに気づいたとき、私はしんそこ驚いた」とある。

ものごとの裏側、私たちが知り得ようもない世界というのは、じつは至るところに存在する。たとえば親しいと思っている友人だって恋人だって、私には見えない顔があり生活があるに違いなく、ふだんはそんなことを想像もせずに暮らしているが、ときどき、ふと垣間見えてしまうことがある。そんなとき、何か底の見えないほど深いものをのぞいてしまったような気持ちになる。この短編集の表題作もまさに、かつて親しかった女の裏側を、その死のあとに見てしまう。

収録作『土曜日の午後』も不思議な世界だ。読み手は、何が起きているのかは知らされない。けれども、母、兄、妹の三人家族が、どうやら何か事件の裏側にいるらしいことは嗅ぎ取ることができる。この三人は家のなかから出ない。兄はひとりでラテン語を勉強し、幼い妹は庭に作った「別荘」で遊んでいる。母は眠ったように見せかけて泣いているようである。ときどき

アントニオ・タブッキ｜著
須賀敦子｜訳
白水Uブックス　1150円＋税

伯母が訪ねてくるが、この家の空気を陽気にしてくれるその伯母は、スイスに引っ越してしまう。そして土曜日の午後にあらわれる客人（らしき人）に、家族は異様に脅える。

おそらくこの小説と同じ時空で暮らしていたら、私たちにはおもて側こそよく見えただろう。何か事件が起きる。その事件に彼らの父親がかかわっている。それはきっと何かよからぬ事件だ。新聞を賑わせ、ラジオで報道され、ゴシップ紙で延々ほじくりまわされるような。私たちは今現在の日常でもそんな事件を目にし、耳にし、すぐに忘れてしまうにしても、心を動かされ、涙したり憤ったり、恐怖したりする。事件を自分なりに暴いて、ときに糾弾しようともする。そして、その裏側に何があるかなんて、いや、何かがあるかもしれないなんて、めったに考えない。

ここに描き出される裏側には、うんざりするような夏の暑さと、それが倍増させる退屈、静けさのなかに響き渡るラジオの音や蝉の声、人生の理不尽さが満ちている。小説のラストでは「身の毛がよだつほど平凡」な食事しか用意しなかった母親が、ある土曜日の朝、リコッタ・チーズ入りのラヴィオリを作る。パスタ生地から手作りだ。いつも泣いていた母親は、今日は「とくべつな日」だと言い、はしゃいでいる。そして食後に子どもたちを寝かせると、外出の準備をする。ここでまたなお、私たち読み手は、裏側の裏側を透かし見たような気持ちになる。

ここで描かれるパスタ料理は、「とびきり」おいしいとある。おいしいものの描写を読むと、私はいつもわくわくするが、このラヴィオリだけは、やるせないのとかなしいのの、中間のような気持ちになる。料理もまた、裏側を味わわせてくれるのである。（角田）

『野狐』
『昭和文学全集32　中短編小説集』所収

絶叫しながら、飲みほすように食べる

　ひとつひとつの品に立派な名がついていて、回転式テーブルに乗って運ばれてくるような専門店よりはるかに親しみがあるのは、真っ赤な庇《ひさし》に真っ赤な暖簾、そして真っ赤な板張りのカウンターにわずかなテーブル席で構成された町なかの中華料理屋なのだが、ラーメン屋と定食屋を兼ねていてカレーから揚げものまでそろっているこういう店に入ると、なにか食の回路の最も倫理的な部分に取り付けられた抵抗が焼け焦げてしまうらしくて、客はみな、暴走気味によく食べる。とくに満席の場合には、競い合っているわけでもないのにつよく高くたくましく箸を動かし、顔はほとんどあげない。もちろんこれは私が出入りしていた特定の地域の店の、さらにほんの一時期の状況なのだろうけれど、そのような場に幾度となく身を置いた経験からすると、店の構えも影響していたのだろう、客はたいてい男性で、女性の場合はひとりではなく、だれか連れの男といっしょにやってくる。あまり若い顔は見かけなかった。そして食の回路は戸を開ける前からすでに壊れていた。

　四人がけの席で一度、夜の仕事らしい女性にその年下の客、といった雰囲気のふたり連れと相席になったことがある。私は女性の食欲に圧倒された。チャーシュー麺、炒飯、餃子五つ、酢豚をぺろりと平らげ、そのあと白いご飯とキムチと冷や奴を追加して、最後にジョッキの生

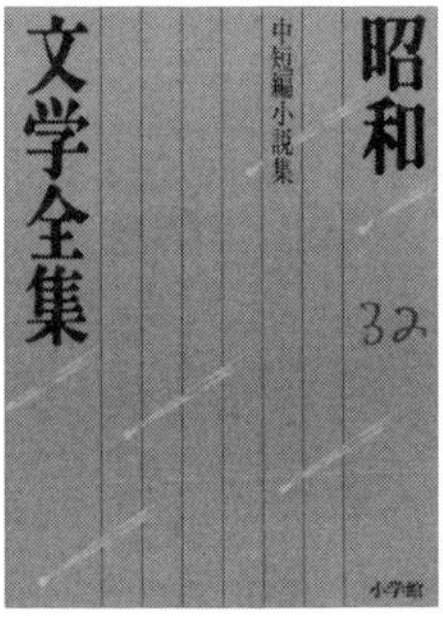

田中英光｜著
小学館　4369円＋税

ビールを飲みきった。男は、なにかしら性的な興奮を抑えるような目つきで、満足そうにその動きを追っていた。粉を吹いていた女性の肌が、みるみる艶を取り戻していくさまに私は見とれて、つい、すごい量ですねと失礼な感想を漏らしてしまったほどである。そうなの、と彼女は男の方を見て、それから私の方を見て、うれしそうに言った。昨日の晩からなんにも食べさせてもらえなくって。どういう意味なのかは察するほかなかった。食べる時間も惜しんでするべきことをしたのだろうか。男はレバニラ炒めに普通のライスといった定量の組み合わせで、そこにビールを追加した程度だったと思う。ともあれ、笑みを浮かべた彼女の顔の、口の端に少し残ったビールの泡に、なんだかどぎまぎしたものだ。

こんなことを思い出したのは、先日、中短篇ばかりたくさん入っている本を手にとって、田中英光の短篇『野狐《やこ》』を読み返したからである。「店を出ると、その角に中華料理屋がある。リリーが何か食べたいというので、入って、私のためにはチキンカレー、リリーのためには、焼きそばと卵のスープを取った。私は充分に酔っているので、もはや、食欲がない。ぼんやり、リリーの食べかつ飲むのを眺めていると、彼女は瞬く間に、自分の分を平らげてしまい、『私は面倒なのはキライなのよ』と絶叫しながら、私のカレーまで飲みほすように食べてしまった」。

リリーというのは、語り手がどうしても縁を切れずにいる「(たいへんな女)」と丸括弧を付された夜の商売をしている桂子の友人である。桂子自身もラーメンを二杯平らげるような女性なのだが、昭和二十四年に書かれた、師の太宰治ともちがう体育会系の破滅の香りがする小説のなかで私が覚えていたのは、情けないことにこのリリーの食欲と途方もない絶叫だけだった。

『朝めし』『スタインベック短編集』所収

このパンを咀嚼しているあいだの幸福

パン界の人、という人種がいる。当然パンがすごく好きな人たちなのだが、その好きさ加減が奥深い。パン屋に異様にくわしい。「パン屋にくわしい」というのは、ふつう、自分の住む町のパン屋に限定されると思うのだが、パン界の人たちはおいしいパン屋があると聞けば、遠い町までわざわざ買いにいくので、他区、他市、他県の店まで知っている。

以前、仕事で函館にいくと友人に言ったところ、彼女は「おいしいパン屋がある」と教えてくれたのだが、インターネットで地図を調べたら、函館駅からはるかに離れた、周囲に何もない、本当に何もないところに「ここ」というマークが出てきてぎょっとしたことがあった。なぜ東京在住の彼女が、北海道は函館付近の、ぽつんとあるパン屋を知っているのか。パン界の人だからである。

と、こんなことをつらつらと書く私は、もちろんパン界の人ではない。パンを軽く見ている。サンドイッチよりはおにぎりを選ぶし、ホテルの朝食も洋食ではなく和食を選ぶ。パンがきらいなわけではないが、どこかで軽んじているのである。パンは、食べてもすぐおなかが空く、だからごはんより格下、と思っているのである。

そんな私が、ああ、このパンは食べたい、無性に食べたいと思うのが、『朝めし』という短

スタインベック｜著
大久保康雄｜訳
新潮文庫　520円＋税

編小説に出てくるパンである。

　短編集のなかでも、とりわけ短い。語り手が何ものなのか、まったく書かれていない。描かれているのは、綿つみの仕事をする季節労働者の一家である。テントで暮らす彼らが、日の出前に屋外で朝食の準備をしている。やがて準備がととのうと、みな食べはじめる。老人が、語り手にも食べるように言う。

　炒めたベーコン、分厚い大きな焼きたてのパン、コーヒー。パンにベーコンの肉汁をかけ、コーヒーに砂糖を入れる。山の端から日がさしてくる。

　いってみればそれだけの短い小説なのだが、なんという純度で幸福感が満ちているのか、と驚く。読み手は、五感を全開にしてこの小説をたのしむことができる。パンのにおい、ベーコンが焼ける音、寒さ、ゆっくり白んでくる空、コーヒーの苦さ。描写ってすごい、としみじみ思う。

　この一家は、十二日間綿つみの仕事をしていると言う。十二日間、おいしいものを食べていると言う。こんなに幸福なのに、なぜだろう、読み終えるとき、透明の、無色無臭のかなしみが一点だけ残る。朝食の味はまだ口に残っていて、おなかもいっぱいで、寒さもやわらいで、なのにかなしい。こんなとき、私は思うのである。生きることの本質は、かなしみなのではないか。だから私たちは幸福であろうとするのではないか。かなしみに浸らないために。

　この短編小説で味わうパンの味は、なかなかに忘れがたい。このパンを咀嚼しているあいだは、かなしみもつらさも、私には手出しできないような気がするのである。（角田）

私的読書録　99
角田光代

『赤目四十八瀧心中未遂』

苦く殺伐とした錆の味が満ちる

焼鳥屋を舞台としていながら、客の前で黙々と串をひっくり返す主人の姿もカウンターに座ってその様子を眺めつつ酒を呑む客の姿も描かず、甘いタレの香りや炭火から立ちのぼる煙さえ見せないような、いわば焼鳥小説の極北とでも呼びうる一作を挙げるとすれば、車谷長吉の『赤目四十八瀧心中未遂』をおいてほかにないだろう。

語り手の「私」こと生島与一は、大学卒業後に勤めていた広告代理店をとつぜん辞めて、二年の失業期間を経たのち関西に下り、旅館の下足番、料理場の下働き、お好み焼き屋や安酒屋を転々として、尼ヶ崎の伊賀屋という焼鳥屋に流れつく。かつて商業誌に小説を書いていたこともある生島は、伊賀屋を中心とする世界のなかであきらかに浮いた存在だ。雇い主の女性が彼に示す微妙な気遣いと思いやりには、だからどこか刃物をちらつかせるような、ひりひりした感触があった。金は必要だが、金のためだけにやってきたわけではないという、自分自身をもてあましているやさぐれた感覚が、ただで与えられた古い木造アパートの二階にある四畳半の空気にすっと溶け込む。暖房もなく、冷蔵庫と木の椅子があるだけの、仕事場兼住居。流しの下には、牛刀、小出刃、そして竹串があった。

この部屋へ、毎日朝十時と夕方五時の二回、無口な男が、牛や豚の臓物と毛をむしられた鶏肉をビニール袋に入れて運んでくる。生島はこの部屋に閉じこもって、血と脂で手を汚しなが

車谷長吉｜著
文春文庫　510円＋税

私的読書録 100

堀江敏幸

らぬめる臓物をさばき、腑分けし、竹串に刺す。ひたすらそれをつづける。廊下を隔てた向かいの部屋には、はぐれ者たちを相手にする強面の彫り師がいて、時々、刃物を当てられている客たちのうめき声が聞こえてくる。男女の営みの声も響く。アパート全体が法の外にあるのだ。ほどなく、生島は伊賀屋の女主人や彫り師から奇妙な運び屋の仕事を頼まれる。心の内に潜む鬱屈と不安は、彫り師の女であり、その筋ともかかわりのある半島出身の女性と「まぐわった」ことで現実的な危機をもたらす。物語の酸素が、一気に薄くなる。ふたりの営みからは、臓物の臭いが、つまり死臭がただよう。

自分が準備したこの焼鳥を、生島は物語を通じて一度しか食べない。それも、東京から訪ねてきたかつての担当編集者が食べているのを見て、しかたなくつきあっただけだ。調理場ではなく、なぜふつうのアパートで下ごしらえをしなければならないのか、その理由を知っていたからである。味についても、なにひとつ言及がない。にもかかわらず、言葉をひとつひとつ串刺しにし、余計な味付けもせず焼きもしないこの小説には、全編にわたって、どんなに濃いタレをつけてどんなによく焼いても消えることのない、苦く殺伐とした、人間の錆の味が満ちている。

生島が伊賀屋にいた頃、米大リーグで、「まぐわうひと」と訳しうる屈強な野手が、重い白球をバットで串刺しにして本塁打を量産していた。途方もない活躍を支えていたのは、禁止薬物だった。言葉とまぐわってなにかを生み出すときにも、しばしば不要な飾りや薬物が用いられる。しかし言葉そのものの出所が怪しい場合には、どう対処したらいいのか。『赤目四十八瀧心中未遂』は、未遂の一語でそれを乗り越える。言葉を打ち返すのは、バットではなく、脆い竹串のほうなのである。（堀江）

付録

私的読食録100回記念対談

後篇

角田さんの回だけまとめて読んだときと、二人のを交互に読んだときと、感じが違うんです

後篇

堀江　僕、今日の対談にあたって、100回分の連載のコピーをもらったのを二つに分けたんです。角田さんの回だけまとめて読んだときと、二人のを交互に読んだときと、感じが違うんですよ。

角田　え、そうなんですか。

堀江　角田さんのだけを通しで読むと、一つの世界ができている。文学論なんですよ。「料理の話をしているわけではないな」ということがだんだんわかってくる。何を大事にしているのかが、はっきりしてくる。そこが魅力です。

角田　ありがとうございます。

堀江　たとえば開高健さんの『ロマネ・コンティ・一九三五年 六つの短篇小説』*1を紹介されたときに、こう書いていますよね。（コピーを読みながら）「この作家は、ほかの著作で、文学には絶望はあり得ないと書いた。なぜなら文字というものは人間につながっているから。真の絶望者は、何も言わない、何も書かない、と。だから、読み手はこうも知らされるのである。年齢を重ねるということは、絶望を引き受けることではない。絶望と闘うことだ、と」。古くからの読者としては、角田さんがこんなことを書くようになったんだと感慨深いんだけど。

角田　私も年齢を重ねてきたんです（笑）。

堀江　年を重ねながらコンスタントにハイレベルな小説を書いてきて、それで言える言葉ってあると思うんです。それをここで惜しげ

もなく出している。わざと自分を油断するように仕向けていって、最後に本質をえぐるような強いことを言う。それがこの連載の角田さんの特色なんですよ。ほかではあまり出してない気がする。

角田　すごい分析ですねえ。

堀江　つまり、角田さんのは小説家の読みなんです。ものすごく内側に入ってる。食べ物が登場人物のような感じで読んでいると、いつのまにか書き手の、角田さんの内側に入っている。本を大事に読んでいるのがよくわかります。それが僕にはない。

角田　そんなことないですよ。

堀江　角田さんの回には好きなところがいっぱいあります。取り上げている本の殺し文句を引用している前後が、角田さん自身の殺し文句になっていることが多いですね。そこは僕、線を引いてある。

角田　おもしろい読み方ですねえ。

堀江　たとえば織田作之助の『夫婦善哉』*2の回で、「恋というのは狭い檻だなと思う。そして人は自由を捨てて、よろこんでその檻に入る」と書かれてるところとかね。これ、角田さんの小説そのものですよ。

角田　ああ、そうかもしれない。

堀江　角田さんの原稿は一つ一つが、書評でもないし、エッセイでもない。長編小説の一部についてしゃべっている感じがする。今の自分はここが好きだというところを言って、あとはまた今度ねという感じ。それが楽しみなんです。

堀江さんの紹介のほうが面白いだろうと思う小説があります

角田　堀江さんのを読んでいると、変な意味じゃなくて授業を受けているような気がします。自分よりものを知っている人に面白いこ

後篇

とをわかりやすく教えてもらっているような感じ。あと、これからこの本を読む人がいるという前提で書いていらっしゃるから、読みたくなる。堀江さんの書き方に学ばされます。
堀江　そうですか。自分で書いたものは、読み返してもよくわからないんですけど。
角田　すごく勉強になるんです。まず知らないとか読んだことがない作家が多い。それから、紹介の仕方がすごくうまい。たとえば、油揚げ特集のときの『豆腐屋の四季　ある青春の記録』*3の松下竜一。お豆腐や油揚げを丁寧につくっていた人がそれを短歌に詠んで投稿して人生が変わっていく。その描写がすごい。
堀江　どんなふうに書いたっけ？（笑）
角田　松下さんの波瀾万丈の人生を簡潔に追っていって、短歌集をつくって夫婦の人生が大きく動き出すところで、「丁寧につくった豆腐がぐらりと揺れるように、箸をたぐって一枚ずつ揚げる油揚げがふいに大きく撥ねるように」って。これ、寒気がしますよ、どんな本だろうって。
堀江　でも、角田さんも松下竜一さんの著作集（『松下竜一　その仕事』）でゲストエッセイを担当されているじゃないですか。
角田　あれは20代のときに書けと言われて、松下さんのことを何も知らないまま書いたので、堀江さんの原稿を読んでこんな面白い本を書く人だったんだって思ったの（笑）。
堀江　ハハハ。
角田　ほかにもこれは堀江さんの紹介のほうが面白いだろうと思う本がいくつもあります。
堀江　果たしてこれがいいのか悪いのかわからないけれど、僕が紹介した本に興味をもって読んでみたら、そんなにおもしろくなかったって、たまに怒られます（笑）。

誌面をデザインした人の呼吸に合わせて書いているんです

角田　それから、最近の堀江さんの回は一行が長いのにさらさらさらっときれいに頭に入ってきて。こういう美しさがあるんだなあと思います。

堀江　それはデザイナーさんの功績ですね。この連載のレイアウトは、最初は3段組で1行が17字詰めだったから僕の文章は短い。今は2段組で1行が39字詰めと多くなったから、文章も長くなった。レイアウトに合わせて書いているんです。デザインした人の呼吸に合わせて書かないとね。25mプールで泳いでいるか、50mプールで泳いでいるかの違いですよ。

角田　えっ？　そんなの考えたことなかった！

堀江　僕はわりにスポーツ系の人なんです。

角田　へえ、ちょっと意外です。

堀江　褒めてもらったけど、僕の原稿は読んでも食べたくはならないんですよ。角田さんのは読みたくもなるし、食べたくもなる。

角田　それはたぶん女性と男性の違いですよ。女性作家は食べ物をしつこく書く。堀江さんに聞こうと思ってきたんです。昔の男性って「食べ物に対して旨い、まずいを言うな」と言われて育ったせいか、男性作家は何がおいしいとかあまり書いていない気がするんですけど。

堀江　どれぐらいの昔ですか。

角田　明治時代から戦争を体験している世代まで。古井（由吉）さんぐらいまで。

堀江　確かに多くはないですね。戦争中に関しては、物がなかったからではないですか。

角田　戦争と関係なく「男が食い物についてとやかく言うな」みたいな風潮があったのかなあ。

堀江　単品の名前が出てくる感じが多いです

よね。「精養軒でカレーライスを食べた」とかは出てくるけど、どういうカレーかは書いていない。

角田　ああ、なるほど。女性作家のほうが食べ物に執着があると思うんですけど。

堀江　全体的にはそうでしょうね。

後篇

この連載を読んでいると、堀江さんは人に物をもらいやすい（笑）

角田　もう一つ、この連載を読んでいると、堀江さんは人に物をもらいやすいですね（笑）。

堀江　そう。大学生の頃、通学で上野駅を使っていたんですが、夜、上野駅のホームに行くと、遠くまで帰るおじさんたちが新聞紙を敷いて酒盛りしているんですよ。で、いつも「座れ」って言われて、網に入ったゆで卵とか冷凍みかんをもらっていた。「余って捨ててたけど、あんたみたいな若い人がいると便利だ」って。その頃からよく食べ物をもらうようになったんです。

角田　へえ。

堀江　バス停でお婆さんに肩を叩かれて「自動販売機でジュースと間違えて缶コーヒーを買っちゃったの。飲んでくださる？　これ、若い方が飲むものでしょう？」って言われて、もう若くなかったけど一応「はい」ってもらっちゃったり。たくさん人がいるのになぜか僕に寄ってくるんですよ。

角田　私はお肉屋さんとか魚屋さんでよくおまけをもらうけど、堀江さんの原稿を読んで私より上手がいたと思って（笑）。

堀江　角田さんも僕も無防備なところがあるじゃないですか。隙が多いからでしょうね。

角田　怖くなさそうというのもあると思います。道を訊かれることも多くないですか？

堀江　よく訊かれます。連れて行ってあげると、お礼にカンロ飴をくれたり。

角田　面白〜い！　これから、また物をもらう話が出てくるのを楽しみにしています。
堀江　この連載がいつまで続くかわからないけれどね。
角田　そんなこと言わないで続けましょうよ。

＊1　私的読食録81『ロマネ・コンティ・一九三五年　六つの短篇小説』P174
＊2　私的読食録65『夫婦善哉』P142
＊3　私的読食録50『豆腐屋の四季　ある青春の記録』P106

堀江敏幸《ほりえ・としゆき》

1964年生まれ、作家・仏文学者。早稲田大学教授。『おぱらばん』（三島由紀夫賞）、『熊の敷石』（芥川賞）、『河岸忘日抄』（読売文学賞）、『なずな』（伊藤整文学賞）、『正弦曲線』（第61回読売文学賞）など著書多数。訳書にエルヴェ・ギベール『幻のイマージュ』、ロベール・ドアノー『不完全なレンズで』などがある。酒の席では、静かにお茶か鉱水を飲む。アルコールでなくても十分に酔える。胃腸が弱いので、外食が続くと、体調が悪くなるタイプ。好物は苺のショートケーキ、嫌いなものはなし。

角田光代《かくた・みつよ》

1967年生まれ、作家。90年「幸福な遊戯」で海燕新人賞を受賞してデビュー。『まどろむ夜のUFO』（野間文芸新人賞）、『ぼくはきみのおにいさん』（坪田譲治文学賞）、『空中庭園』（婦人公論文芸賞）、『対岸の彼女』（直木賞）、『八日目の蝉』（中央公論文芸賞）、『ツリーハウス』（伊藤整文学賞）、『紙の月』（柴田錬三郎賞）、『かなたの子』（泉鏡花文学賞）、『私のなかの彼女』（河合隼雄物語賞）をはじめ、エッセイなど著書多数。子どもの頃から変わらず卵が好き、そして肉が好き。辛いものにも目がない。

本書は、「dancyu」(プレジデント社刊)2007年4月号〜2015年7月号に掲載した連載「私的読食録」1〜100回、および、2015年8、9月号に掲載した「私的読食録100回記念対談」を追加し、加筆・修正したものです

私的読食録

二〇一五年一〇月三十一日　第一刷発行

著者　堀江敏幸
　　　角田光代

発行者　長坂嘉昭
発行所　株式会社プレジデント社
　　　〒一〇二-八六四一　東京都千代田区平河町二-十六-一
　　　電話　編集　〇三-三二三七-三七二〇
　　　　　　販売　〇三-三二三七-三七三一

装丁　人野リサ
撮影　本多康司
対談構成　柴口育子
編集　杉渕水津
制作　関　結香

印刷・製本　凸版印刷株式会社

ISBN978-4-8334-5080-5